「いつ」「なにを」「どのように」教えるかがわかる！

特別支援教育のとっておき授業レシピ

監修●藤原義博／柘植雅義
編著●筑波大学附属大塚特別支援学校

Gakken

はじめに

多様な実態の子どもに合わせた
　授業づくりの手がかり

全国の特別支援学校、特別支援学級では、実態差の著しい多様な子どもに対して、将来の自立と社会参加に向けて個々のニーズに応じた指導・支援に取組んでいる。その際に重要となるのが授業づくりである。そして、授業の目標・内容をどのように展開し、それによって育まれる力を高め広めるために、学年や学部の壁を超えて、どのように系統性・一貫性をもって教育実践をつなげていけばよいのか、それが授業づくりの課題となる。

　本校はこの2つの観点から、開校以来55年、特別支援教育の先導的研究校として、障害のある子どもの教育目標・内容はどうあるべきかを真摯に考え、授業づくりの実践的研究を積み重ねてきた。その結果として、昭和60年に教育内容とその順序を示した「経験内容表」が編成され、それをどのように教えるのかを示した大塚モデル「指導計画集」が作成された。

　それを基盤として、特別支援教育のさらなる進展を目指し、平成19年度より3年間かけて、幼稚部、小学部、中学部、高等部の子どもの教育目標・内容を精選・整理して、系統的に教育内容を配列した「学習内容表」を作成した。そして、平成22年度から3年間かけて、幼稚部から高等部までの教育方法を整理して、領域ごとに「指導計画集」を編成した。

　学習内容表は、子どもの授業目標を設定する際に、「人間関係」領域を中核とした7領域279の小項目から成る幅広い観点を提供している。指導計画集は、7領域の学習内容を具体的にどのような活動のなかで教えるとよいのかを示している。

　そこで、新しく特別支援教育に携わる教師、特別支援学校、特別支援学級の教師、通常学級で支援を必要とする子どもに関わる関係者、教職を目指す学生の皆様方の授業づくりの一助となることを願い、本書を刊行した。

　本書は、各時期の子どもに何を教えるのかを示した「学習内容表」、学習内容をどのように教えるのかを示した「指導計画集」によって構成されている。多様な実態の子どもに合わせた授業づくりを行う際に役立つ手がかりとなるだろう。

　また授業展開の仕方だけでなく、実際に教育的効果のあった教材・教具の写真や活動の様子についての写真をたくさん掲載している。特別支援教育の経験の少ない教師でも、これらを活用することで、どの時期に何を目標として設定するとよいのか、具体的な手がかりを得ることができ、授業づくりのイメージをもつ際に役立つだろう。

前筑波大学附属大塚特別支援学校校長　藤原義博

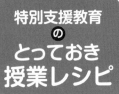

contents

はじめに ………………………………………………………………… 2

第1章　子どもに合った授業を考えるために

第1節　生きる力を育む授業づくり …………………………………… 8
第2節　目指せ！　三ツ星授業 ………………………………………… 10
第3節　ここから始めよう！　授業づくりの基本 …………………… 20
　Column　授業の振り返りに役立つ授業評価シート ………………… 32

第2章　学習内容表と授業づくりの実際

人間関係領域　「わたし」と「あなた」の関係から社会への関わりへ

領域のねらいと特徴 ……………………………………………………… 36
授業づくりのここがポイント！ ………………………………………… 38
　［学習内容表］ ………………………………………………………… 40
　［実践事例1］みんなでコロちゃんをさがしにレッツゴー！ ……… 44
　［実践事例2］おでかけフレンズ♪探検隊 …………………………… 48
　［実践事例3］ペアで一緒にやり遂げよう！ ………………………… 52
　［実践事例4］みんなでゲームを楽しもう …………………………… 56
　［実践事例5］ルールについて考えよう ……………………………… 60

生活領域　生活を豊かにするための知識や習慣を身に付ける

- 領域のねらいと特徴 …………………………………………… 64
- 授業づくりのここがポイント！ ………………………………… 65
- ［学習内容表］ ………………………………………………… 68
- ［実践事例6］　めざせ！ おそうじレンジャーたい ………… 88
- ［実践事例7］　ぼくたちのかいこちゃん ……………………… 92
- ［実践事例8］　心を込めて作物を育てよう！（栽培） ……… 96

認知領域　情報をとりこんで整理し、日常生活に活用する力を育てる

- 領域のねらいと特徴 …………………………………………… 100
- 授業づくりのここがポイント！ ………………………………… 102
- ［学習内容表］ ………………………………………………… 104
- ［実践事例9］　～から○番目の宝を探そう！ ……………… 112
- ［実践事例10］　いろいろな言葉を知ろう・使おう ………… 116

身体・運動領域　健康の維持・体力の向上とともに、運動を通して協調性や社会性を育む

- 領域のねらいと特徴 …………………………………………… 120
- 授業づくりのここがポイント！ ………………………………… 122
- ［学習内容表］ ………………………………………………… 124
- ［実践事例11］　サーキットをしよう！ ……………………… 128
- ［実践事例12］　朝の運動（マラソン・サーキット） ………… 132

情操領域　感性を磨いて自己表現力を育み、心を豊かにする

- 領域のねらいと特徴 …………………………………………… 136
- 授業づくりのここがポイント！ ………………………………… 137
- ［学習内容表］ ………………………………………………… 140
- ［実践事例13］　みつけた！ たのしいともだち・すてきなおと … 146
- ［実践事例14］　歌おう！ 踊ろう！ みんな一緒に世界のリズム♪ … 150
- ［実践事例15］　すきすき！ 色紙すき！ …………………… 154
- ［実践事例16］　発声練習／歌唱／器楽（身体表現） ……… 158

コミュニケーション領域
様々な方法で自己と他者の関係を築く

- 領域のねらいと特徴 …………………………………………… 162
- 授業づくりのここがポイント！ ………………………………… 164
- ［学習内容表］ ………………………………………………… 166
- ［実践事例17］ あつまり ……………………………………… 170
- ［実践事例18］ つき組　しゅうごう！ ………………………… 174
- ［実践事例19］ きこう・はなそう・あらわそう ……………… 178
- ［実践事例20］ 自分を知ろう・友だちを知ろう ……………… 182

社会生活・進路領域
「くらし」「働く」「余暇」で必要な総合的な力を養う

- 領域のねらいと特徴 …………………………………………… 186
- 授業づくりのここがポイント！ ………………………………… 187
- ［学習内容表］ ………………………………………………… 190
- ［実践事例21］ 交流学習〈芋掘り〉 …………………………… 194
- ［実践事例22］ 藍染め班（前期） ……………………………… 198
- ［実践事例23］ 機械ロクロで成形しよう ……………………… 202
- ［実践事例24］ 大塚祭学習発表
  　　　　　　　 オリンピックの感動を伝えよう ……………… 206

CD-ROM収録指導計画一覧

- 授業レシピ（CD-ROM収録）の指導計画の見方 ……………… 212
- CD-ROM収録指導計画一覧 …………………………………… 214
- 主要参考文献 …………………………………………………… 219
- おわりに ………………………………………………………… 220
- 執筆者・編集協力者一覧 ……………………………………… 222
- 奥付 ……………………………………………………………… 223

第1章
子どもに合った授業を考えるために

第1節

生きる力を育む授業づくり

共生社会で豊かに生きる人を育てる

本校卒業生マサルさんの生活から

　卒業生のマサルさんは現在24歳。高等部卒業と同時に、障害者雇用に積極的な小規模の外食産業に就職した。勤務先では、食器類の洗浄、店舗の清掃、廃棄物の片づけなどを行っている。毎日8時45分に出勤し、同僚にあいさつをし、ロッカールームで制服に着替え、上司の指示を受けて、作業にとりかかる。わからないことがあれば、身近な同僚に尋ねることができる。

　休憩時間に持参した鉄道の写真集をめくっていると「マサルさん、先週はどこに行ってきたの？」と声をかけられる。マサルさんは、休日には大好きな鉄道を乗り継いで遠出する。また、月に1回は卒業生が集まる「青年学級」に参加し、スポーツクラブに所属して友人と汗を流す。昨年グループホームに入所し、勤務先にはそこから通っている。スタッフの支援を受けながら掃除や洗濯をこなし、一人の時間は音楽を聴いたりDVDを観たりして過ごしている。

● 生きる力を育むために必要な学習とは

　学習指導要領改訂にあたり、文部科学省は「生きる力」を総合的な人間力とし、学校教育において「確かな学力」と「豊かな心」と「健やかな体」を育むことが必要とした。特別支援教育においても基本的な理念は共通している。すなわち、自立し、社会の一員として生きる力を育むことを目指して日々の教育は行われる。しかし、通常の教育に準じた学習内容を取りあげることが難しい知的障害教育では、「いつ」「なにを」指導するかが常に課題となる。

　では先に紹介したマサルさんは、14年間の学校教育のなかで、何を身に付けてきたのだろうか。支援を受けながらも自立した豊かな生活を送ることができるようになるために、何を学習したのか。本校で行った「学習内容表」の作成は、その過程を見つめなおし整理することであり、知的障害教育の日々の授業実践の根拠を明確にする作業でもあった。

● 授業づくりの手がかりを求めて

　知的障害の教育には、教科書がない。そのため、将来の姿を思い浮かべながら、幼児・児童・生徒それぞれの段階で身に付けさせたいことを学習として組織する。では、例えば、将来、「働く」時に必要な「報告・連絡・相談」ができることを目指すとしたら、どのようにコミュニケーションの力を育てていったらよいだろうか。

　まず幼児期から小学部段階では、特定の大人や友だちとの愛着や共感のある関係のなかで、身振りやサインで自分自身が経験したことを伝えたり、「〜してもいいですか？」と質問したりする経験を丁寧に積み重ねていく。中学部段階では他者の存在を意識し、そのなかで自分から教師や友だちに自分が経験したことを報告する。卒後を見据えた高等部段階では、相手の立場や気持ちを考えて、必要な時に適切な報告・連絡・相談をすることを目指す。これらの内容を、学習内容表などで確認しながら、授業に反映していくのである（図参照）。

　次節以降では、連続した学習の取組みを授業のなかで実現するための「学習内容表」の仕組みと、これを活用する手立てを提案したい。

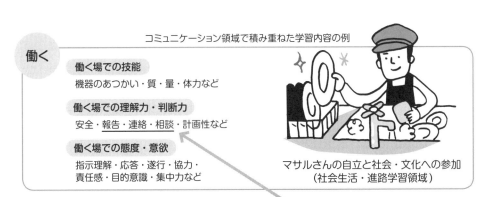

(髙橋幸子)

第2節 目指せ！三ツ星授業
「学習内容表」と「指導計画集」を使ってみよう

1. 子どもがわかる授業内容

子どもたちは、楽しい授業、わかる授業を求めている。子どもは、楽しみながら授業に参加し、学習内容がわかることで子ども自身の知識を体系化し、自信をつけ、学びたいという意欲や自発性を高めていく。ここでは、子どもにとって「わかる授業」をデザインして実践するためのポイントを、単元の指導計画（Plan）-授業実践（Do）-授業評価と改善（Check／Action）といった授業づくりのPDCAサイクルに沿って考えてみたい。

Plan 単元の指導計画

子どもの状態を多面的な観点から評価する

授業づくりでは、個々の子どもに適した「個別目標」と「集団目標」を設定するために、まず、行動観察（援助の有無による様子の変化）、心理検査の記録を見ることなどを通して、包括的なアセスメント（実態把握）を行う必要がある。障害の程度や状態像、生活年齢、発達段階、生活経験の幅、興味・関心、長所と短所、仲間関係、本人や家族のニーズなどの様々な情報を整理して、子どもの現在の実態を捉える。そのうえで、支援を通して達成可能な目標を設定する。

目標の設定は、系統性・発展性を考慮する

将来、子どもが地域社会で幸せに生きていくためには、今、どのような力を身に付ける必要があるのかをイメージする。その際には、今の時点で、子どもに身に付けさせたいとする目標が、次にどのような目標へとつながったり、広がったりしていくのかといった系統性・発展性の側面を考慮することが重要である。

例えば、「報告」のコミュニケーションでは、自発的に自分の行ったことを、短い文で大人に報告することを目標とする。それは、小学部高学年の子どもが、「朝の学習」で取組んだプリント課題を教師のところに持っていき、「できました」と報告するのと同じである。そこで培った報告の力は、中学部の作業学習において、「○○を3つ仕上げました」といったように、自ら取組んだことについて具体的に詳しく報告する、より高次な力へと発展していくことが予想される。さらに、高等部では報告する際のタイミングや状況に合わせて、言葉を選んで報告する力へと高次化していくことが考えられる。

このように、卒業後の職場や地域社会での生活を見据えて、今の目標を達成した後に、次にどのような目標に発展するのかをイメージして、目標設定することが大切である。

授業のなかに複数の目標をバランスよく関連づけて組み込む

　知的障害のある子どもに対する授業の多くは、領域・教科を合わせた指導で構成されている。領域・教科を合わせた指導における目標設定では、単一の目標よりも、複数の目標をとりあつかうことが多い。例えば、小学部「運動会の練習」の単元では、走る、くぐる、球を投げるといった「身体・運動」の力を目標とするだけでなく、仲間関係や協調性といった「人間関係」の力、あいさつや集団における指示理解といった「コミュニケーション」の力も目標としてあつかうことが想定できる。

　ここでポイントになるのが、限られた時間のなかで、複数ある目標のうちのどの目標を優先的にとりあつかうのか、あるいは、複数ある目標をどのように関連づけてあつかうのかといったことである。年間の指導計画（他の単元との関連）や個々の子どもの個別の指導計画を考慮しながら、単元のなかに複数の目標をバランスよく組み込むことが必要になる。

「何を学ぶのか」がよくわかる具体的で明確な目標を設定する

　知的障害のある子どもは、状況理解や活動の見通しをもつことに困難を示す場合が多い。したがって、子どもが授業のなかで、活動のゴールを意識して取組めるように、具体的で明確な目標を示すことが重要になる。例えば、授業の目標（めあて）をホワイトボードに文字や絵、写真で示したり、完成した作品を見せたり、授業目標について、子ども同士で話しあわせ確認させるといった工夫を行う。

Do　授業実践

子どもが見通しをもって自発的に取組むための環境調整を行う

①意欲を高めるための工夫をする

　「やってみたい！」「おもしろそうだな」と子どもが興味・関心をもって取組める活動、教材、トピックを用意する。そのためには、ふだんの生活のなかで、子どもが頻繁に使っている物やよく遊ぶ玩具、よく話題にでる出来事をチェックしておく。

②因果関係の明確な活動を繰り返し行う

　因果関係のわかりやすい活動は、子どもの参加意欲や学習意欲を促進する。例えば、清掃活動を設定する際には、掃除をする必然性をもたせるために、みんなで新聞紙ちぎり遊びをする。教室じゅうに新聞紙がちらかったので、掃除を行う必要があることを意識できる。

加えて、活動をルーティンにして反復することは、子どもに活動の見通しをもつことを容易にして自発的な参加を促進するうえで有効である。活動への自発的な参加が定着してきたら、ルーティンの一部分を変更、追加することで、子どもの柔軟な参加を促していくことが重要である。

③自発的に参加するための物的・人的な手がかりを用意する

子どもが「なにを」「どこで」「どのように」行えばよいかをわかりやすくするための物的な手がかりを与える。例えば、取組む課題内容ごとに活動する場所を分ける、写真・絵・文字を含む活動の手順表を示して見通しをもたせる、子どもが自力で課題に取組めるように補助具や代替手段を用意する、子どもの動線をシンプルにするなどである。

人的な手がかりとしては、簡潔な言語指示を出す、授業における様々な役割（リーダー役等）を教師から子どもへと引き渡すなどが挙げられる。

④子ども同士のやりとりや共同で活動する機会を設ける

活動への参加意欲を高め、子ども同士で行為や意見を互いに共有して学びあえるように、教師主導の授業展開だけでなく、ペア学習やグループ学習などの子ども同士のやりとりを中心とした学習機会を設ける。

子どもが授業のなかで認められる、また、学んだことについて振り返る機会を設定する

子どもが授業を通して「わかった」「できた」と感じ、自信をつけられるように、授業における集団目標や個別目標に対する振り返り（評価）の機会を設定する。振り返りは、教師による評価、子ども自身の自己評価、仲間との相互評価、保護者や関係者による評価といったように多様な人・場面で行われることが望ましい。子どもは、振り返りの機会を通して、自分の行為をモニターして達成感や効力感を得たり、自分の考えを見直したり、友だちの学びに気づいたりして、学ぶ意欲を高めていく。

Check/Action 授業評価と改善

チーム（複数担任）で授業省察を行う

授業省察では、授業の目標、物的・人的環境の設定、指導の手続きなどが妥当であったのか、また、個々の子どもにどのような学びや育ちがあったのかなどについて、チームで振り返り話しあう。チームでの振り返りが円滑に進むように、授業評価の指標を設定する、授業実践を撮影してビデオ分析を行う、カードにコメントを書いて整理する、子どもの感想文や作品を蓄積して形成的評価を行う、目標行動の一般化を調べるために授業以外の場面での評価を組み合わせて行うなどの手続きを用いる。授業省察を通して目標や支援の手立てを調整して次の授業に反映させる。

2. 授業を考えるために必要な2つのツール「学習内容表」と「指導計画集」

　ここでは、子どもにとって「わかる授業」を実現するために役立つであろう2つのツールを紹介したい。1つは、「なに」を教えるのかを示した「学習内容表」、もう1つは、学習内容を「どのように」教えるのかを示した「指導計画集」である。

　これら2つのツールは、筑波大学附属大塚特別支援学校が13年間にわたる「カリキュラムと授業づくり研究」を通して開発し、幼稚部から高等部までの授業づくりにおいて実践的に検証してきた。「わかる授業」を実現するための手がかりの1つになる、と考えられる。以下では2つのツールについて詳しく述べたい。

「学習内容表」

　学習内容表は、「子どもが、いつ、何を、どのような順序や関連で学ぶのか」を示した一覧表である。幼児・児童・生徒の学ぶ内容の範囲（7領域）、学ぶ内容の順序性（5段階）、学ぶ内容の関連性（各領域の連関）が表されている。

　学習内容表は、学習指導要領（文部科学省）に記されている各教科・領域の教育目標・内容をふまえたうえで、「経験内容表（筑波大学附属大塚養護学校，1983）」などの多数の先行研究を基礎にして編成されたものである。[*1]

　図1では、学習内容表の全体構造を示した。また、学習内容7領域における主なねらいと内容、各領域を取りあつかう主な授業（指導）形態を次ページの図2に示した。学習内容表の特徴は以下の5つに集約できる。

*1) 学習内容表の編成手続きの詳細は、筑波大学附属大塚特別支援学校研究紀要（2009；2010）を参照。

図1　学習内容表の構造図

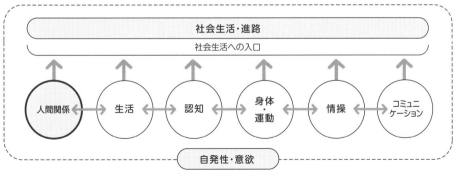

①幼稚部から高等部までの子どもに身に付けさせたい力を、「人間関係」、「生活」、「認知」、「身体・運動」、「情操」、「コミュニケーション」、「社会生活・進路」の7領域で構成している。

第2節

②学習内容7領域のなかでは、「人間関係」領域を基軸として位置づけている。「人間関係」領域は、他者や自分を理解する、自分の気持ちを表現する、調整する、他者と協力するなどの項目で構成されている。これらは、子どもが、将来、社会のなかで多様な人々と関わりあい、主体的に生活していくための必要不可欠な学習内容と考えられる。

③子どもは学習内容における特定の領域（特定の項目）を独立して身に付けていくのではなく、各領域間の連関（つながり）を通して発展的に学習していくものとして捉えている。例えば、「認知」や「身体・運動」領域の学習内容を教える際にも、「人間関係」領域と関連づけてそれらをとりあつかうことで、各学習内容をよりよく学んでいけると考える。

④学びへの自発性・意欲という側面は、7領域を囲う形で示した。これは、子どもにとって、どの領域を学習する際にも自発性・意欲が基盤となっているためである。

⑤「社会生活・進路」領域は、他の6領域と接する部分を「社会生活への入口」として、6領域の学習内容が統合的、発展的に整理された内容として構成されている。

図2　学習内容表における各領域のねらいと主な内容

主な授業形態	領域名	ねらい	内容（大項目）
・生活単元学習 ・日常生活の指導 ・自立活動	人間関係	他者との関わりや様々な集団活動を経験しながら主体的に活動に参加する力を育む。	・他者を理解する ・自分を理解する ・気持ちや行為を調整する ・活動の見通しをもつ ・自分を表現する ・目標を共有して活動に取組む ・社会へよりよく参加する
・生活単元学習 ・生活科	生活	安定した生活を送る基盤をつくり、生活に必要な知識や技能を学び、関心を高め、生活のなかで実行する力を育む。	・身辺生活の自立を図る ・日常生活・家庭生活での自立を図る ・社会文化を知り、関わりを深める
・国語・算数 ・自立活動	認知	物事に気づき、その情報をとりこんで整理、概念化、結合、分類、取捨選択などし、生活に活用するための力を育む。	・認知の基礎がわかる ・数量を理解する ・文字言語を理解する
・体育 ・生活単元学習	身体・運動	身体の操作性を高め、健康の保持促進と体力の向上を図るとともに、生涯にわたって運動やスポーツを豊かに実践していくための基礎を培う。	・身体を動かす基礎的な力を高める ・基礎的な運動能力を高める ・応用的な運動能力を高める
・図画工作 ・音楽	情操	自然・文化的な活動を通して感覚を活性化し、感性を磨くことで、自分を表現する力を育み、心を豊かにする。	・感覚を活性化する ・音楽的な内容を学ぶ ・造形的な内容を学ぶ
・日常生活の指導 ・あそびの指導 ・自立活動	コミュニケーション	他者とのやりとりを通して、気持ちや意志を理解したり、伝えたりする方法を身に付け、対話や会話などをする力を育む。	・自分から伝える ・相手の伝達内容を理解する ・会話を楽しむ ・語彙を使用する ・文法を用いる
・総合的な学習 ・作業学習	社会生活・進路	必要な支援を受けながら、様々な知識や技能を結合し、社会生活（くらしの場、働く場、余暇の場）で活用する力を育む。	・くらしの場に参加する ・働く場に参加する ・余暇の場に参加する

「学習内容表」の見方

図3に「学習内容表の使い方」の例を示した。縦の軸は「項目」を表し、横の軸は「段階」を表している。項目は大項目と小項目で構成している。「生活」、「認知」、「身体・運動」領域には、大項目と小項目の間に中項目を設定している。

学習内容表の各領域を構成する項目は、暦年齢に応じて周囲から期待される姿といった生活年齢の観点と、発達段階といった発達の観点の2つの観点をふまえて構成・配列している。

図3 学習内容表の見方

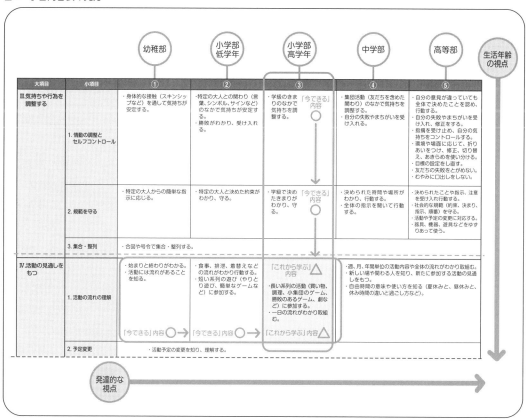

各学習内容は、「大項目―小項目」で記号化している（例：Ⅲ-2-①「特定の大人からの簡単な指示に応じる」）。段階は原則として、①（4歳～6歳：幼稚部）、②（7歳～9歳：小学部低学年）、③（10歳～12歳：小学部高学年）、④（13歳～15歳：中学部）、⑤（16歳～18歳：高等部）の5段階で構成している。[*2]

[*2] 例外として「認知」領域の①から⑤の各段階は、発達的な視点に基づいているが、生活年齢には対応していない。

第2節

「学習内容表」の使い方

　学習内容表の使い方の手順の一例を示したい（図4を参照）。まず、7領域のなかから、授業で「目標」としたい領域を選ぶ。次に、その領域のなかのどの項目を子どもに身に付けさせたいかを大項目から小項目の順に絞り込んでいく。「目標」としたい小項目が決まったら、その小項目のどの段階の内容をねらいとするのかを定める。その際には、次の2つの方法がある。

図4　学習内容表の使い方の手順の一例

　1つは、「発達的な視点」に基づいてねらいとする段階を設定する方法である。小項目を①から⑤の順に見ていき、「目標」として適した段階を定める。例えば、小学部6年の子どもに「人間関係」領域の「Ⅳ.活動の見通しをもつ」の中の小項目「1.活動の流れの理解」を身に付けさせたいと考えた場合、該当する小項目を低い段階から高い段階へ順に見ていき、各段階ができるか否かを把握する。①、②は現在できているが、③はできていない場合、③段階を「これから学ぶ内容」と捉える（前ページ図3参照）。

　もう1つは、「生活年齢の視点」に基づいてねらいとする段階を設定する方法である。5段階は、概ね暦年齢に対応しており、それぞれの生活年齢で身に付けさせたい内容が示されている。そこで、子どもの「今の生活年齢」をもとにして適切な段階を設定する。例えば、小学部6年の子どもの場合、小学部高学年に対応する③段階の小項目を順に見ていく。「Ⅲ-1.」、「Ⅲ-2.」、「Ⅲ-3.」は現在できているが、「Ⅳ-1.活動の流れの理解」ができていない場合、③段階での「Ⅳ-1」を「これから学ぶ内容」であると捉える（前ページ図3参照）。

　実際の授業づくりでは、子どもの実態に基づいて「発達的な視点」と「生活年齢の視点」の双方から、子どもが学ぶのに最も適した学習内容を検討していき、適切な「目標」を設定するようにする。

　最後に、各項目の段階は、その段階が上がるにつれて発展的な内容となっているが、一つひとつの項目は個々に独立して習得されていくのではなく、領域間や項目間の連関を通して学んでいくことを想定している。例えば、「規範を守る力」を高めるためには、それだけではなく、「活動の流れを理解する力」や「気持ちを調整する力」の育ちが必要であり、それらの関連をおさえながら支援を展開する必要がある。各項目間の連関を想定して支援していくように留意したい。

授業づくりにおいて「学習内容表」を用いる利点

授業づくりの際に「学習内容表」を用いることには、以下の利点があると考える。

①集団目標や個別目標を設定する際の多様な観点（見方）を提供する。

単元（授業）の目標は、子どもの実態（個別の指導計画）、学校や学部の教育目標、年間指導計画、学習指導要領など複数の観点から検討して設定する必要があるだろう。「学習内容表」は、7領域、279の小項目で構成されており、集団目標や個別目標を考える際の幅広い観点を提供している。

学習内容表を用いることで、特定の目標ばかりに偏ることを減らし、全体のバランスを考慮しながら、単元のなかに目標を組み込んでいくことができると考える。

②系統的・発展的な視点から目標を設定する際の手がかりとして利用できる。

学習内容表では、「発達的な視点」と「生活年齢による視点」という2つの観点を勘案しながら各小項目を5段階で系統的・発展的に配列している。将来の自立と社会参加を見据えて、現在の目標が次の段階の目標にどのようにつながっているのかを視野に入れて、目標を考えることができる。

③学習内容の関連を視野に入れた単元の指導計画を作成できる。

学習内容表には、「認知」領域と「コミュニケーション」領域との関連が記されているなど、領域間の連関についての説明がある。ある目標を設定する際には、その目標を達成させるうえで、どのようなステップを組むのか、同じ時期にどのような活動を並行して行うとよいのか参考になる。

④子どもの学習経験の履歴になる。

学習内容表は、単元（授業）の目標を考える際に活用できるが、それだけでなく、子どもがこれまでの授業を通して、身に付けた、または身に付けていない学習内容を評価するために利用することが可能である。子どもが習得した（または経験した）学習内容を定期的にチェックすることで、子どもの学びのプロセスを把握するのに役立つ。

第2節 「指導計画集」

「指導計画集」は、7領域の学習内容（身に付けさせたい力）を、子どもに「どのように」教えるのかを示した単元の指導計画集である。筑波大学附属大塚特別支援学校で実施した幼稚部から高等部までの173の豊富な単元計画を掲載している（本書およびCD-ROMに収録）。各単元の指導計画では、学習内容表において取りあつかう領域、単元目標、単元計画の時数、学習活動の展開、指導上の留意点、授業で使用する教材・教具が示されている。

「指導計画集」の見方と使い方

指導計画集は、領域ごとに単元計画を示している。本書には24単元、CD-ROMには149単元が収録されている。

以下に、指導計画集の使い方の一例を記す。

まず、学習内容表を開いて、子どもに身に付けさせたい具体的な学習内容を決める（領域⇒大項目⇒小項目⇒段階の順）。学習内容表には、小項目に対応した単元計画のナンバーが記されている。[*3] 次に、本書またはCD-ROMを開いて、小項目に対応したナンバーの単元計画を参照する。このプロセスを通して、学習内容表の小項目を教えるための単元計画の内容を知る。

「指導計画集」を授業づくりで用いる利点

指導計画集を用いることのメリットとして、以下の内容が挙げられる。

①子どもが学習内容（目標）を身に付けるために、どのような単元の指導計画を立案すればよいのかのアイデアを得られる。

幼稚部から高等部までのすべての単元計画は、実際に実施されたものであり、学習内容をどのように教えていくとよいのかの具体的内容が示されている。学習内容を教える際の学習活動の展開の仕方、使用する教材・教具のアイデアを得る際に役立つ。加えて、単元（授業）のなかの重要な学習内容（小項目に応じた具体的な目標行動）を教える際の留意点を写真とともに詳しく述べているので、授業を実施する際に、「ここだけはおさえたい」という重要なポイントをつかむことができる。

②授業形態ごとに、授業展開の発展のさせ方がつかめる。

「音楽」、「体育」、「図工・工作」、「生活単元学習」などの授業形態ごとに単元計画を見ていくことで、小学部⇒中学部⇒高等部へとどのように学習内容と学習活動を発展させていけばよいのかのアイデアを得ることができる。

以上説明してきたように、「学習内容表」と「指導計画集」を活用することは、特別支援教育の授業づくりの仕方を学んだり、深めたりすることをサポートすると考える。「学習内容表」は、幅広く多様な観点を提供しているので、授業の目標を設定する際の具体的な手がかりになる。また、「指導計画集」は、様々な授業展開の仕方を理解し、教材・教具のアイデアを得るうえで役立つであろう。

（吉井勘人・田上幸太・仲野みこ・阿部　崇・菅野佳江）

*3) すべての小項目には対応していない。

第3節

ここから始めよう！
授業づくりの基本
「あさのあつまり」の授業事例から

1. 授業づくりの基本は単元

　　私たちの授業づくりは、単元を基本に考える。単元とは「学習過程における学習活動の一連の『まとまり』」を意味する。私たちは学習内容表と個別の指導計画、そして指導計画集をすりあわせながら単元の指導計画を作っている。学校としてすでに蓄積され、毎年実施されている単元の指導計画がある場合でも、改めて目の前の子どもの実態に即して、単元づくりをしていくことに意味がある。

　　ここでは、第2節の内容に沿って、小学部低学年の『あさのあつまり』（CD-ROM「コミュニケーション」領域2「あつまれ！　はなぐみ」）の指導を例にとりながら、授業の計画、授業実践、そして評価・改善していく流れについて説明したい。

●授業の計画、実践、評価・改善の流れ

計 画
- 年間指導計画をふまえる　← 指導計画集を参照
- 子どもの実態を捉える
- 具体的で明確な目的を立てる　← 学習内容表を参照

授 業 実 践
- 意欲を高める工夫
- 因果関係の明確な活動を繰り返す
- 自発的な参加を促す手がかり
- 子ども同士のやりとりや協同活動
- 振り返りの機会

評 価・改 善
- チームで授業省察をする
- 授業省察をもとに授業を改善する　← 学習内容表を参照

単元の指導計画 **Plan** を立てよう

年間指導計画をふまえる

まず単元の指導計画を作成するに先だって、全体計画である年間指導計画を見て、どんな授業が行われてきたのかを確認する。重要なのは、なにを目標として取組んでいるのかを把握することである。学校の全体計画や年間指導計画は、先輩教師が実践を積み重ねるなかで、できあがってきたものなので、授業づくりの参考になる。

授業の計画を立てるにあたり、前年度の『あさのあつまり』の単元の指導計画、そして単元目標を確認したところ、

①活動の見通し　②人への関心　③役割のある活動

という3つのねらいがあったことが明らかになった。また『あさのあつまり』は、毎日取組んでいる活動であり、おおよそ決まった流れのなかに、あいさつ、朝の歌、名前呼びなど、いくつかの活動が用意されていることもわかった。そこで今年度の授業づくりのスタートとして、この3つのねらいをふまえながら、単元の指導計画を作成していくこととした。

子どもの実態を捉える

授業を考えるうえで、まず子どもの実態をよく確かめてみる。子どもの状態を多面的な観点から評価することが大切であり、子ども一人ひとりのよさを生かせるところ、つまずきやすいところを考えると授業づくりがしやすくなる。また、授業をする集団に共通するポイントを発見することにも役立つ。

本学級の子どもたちは一人ひとり発達の段階や障害の状況が異なっており、言葉の表出や文字の理解など課題が様々である。友だちに関心がある子どももいれば、あまり関心を示さず自分の好きな活動に没頭する子どももいる。音楽が好きな子どもが多いが、子どもによって好みが異なっているなど、まずは様々な子どもの実態を捉えることが必要である。

ただ、このような全般的な集団の特徴の把握だけでは、学習上の課題が浮かび上がりにくい。そこで前年の指導計画で確認した『あさのあつまり』で大切にしているねらいに注目し、子どもたちの実態を捉えてみた。そして、実態を把握したうえで、担任として学んでほしいことを思い描いた。

| ①活動の見通し | ・A君は文字カードや絵カードで順番を示すと見通しがもてる。
・Bさんは文字は読めないが、活動を繰り返すことで流れがわかるようになる。 |

| ②人への関心 | ・C君は友だちとの関わりは苦手だが、友だちの名前を全員覚えている。
・Dさんは友だちが好きで関わりたいが、上手な関わり方がわからない。 |

第3節

③役割のある活動　・E君は待つのは苦手だが、係の仕事は大好きである。
　　　　　　　　　・Fさんは係活動が好きだが、人がやっていることを見るとやりたがる。

子どもたちの得意な面を生かしながら、活動の見通しがもてるようになってほしい。役割のある活動を通して、自分を調整できるようになり、友だちとの関わりを楽しめるようになってほしい。

担任

具体的な目標を立てよう

(1) 学習内容表を使う

　子どもの実態をふまえて授業をデザインするために、さらに主体的な子どもの活動がどのような力の形成につながっていくか、そして授業でなにをねらうかを具体化するためには学習内容表を使う。学習内容表は、教師がもっている授業のイメージや、ちょっとしたアイデアをより具体化していくためのツールと捉えると使いやすい。

　学習内容表は、領域・教科別ではなく、「人間関係」「生活」「認知」「身体・運動」「情操」「コミュニケーション」「社会生活・進路」という7つの領域で構成されている。「人との関わり」をねらいたいならば、「人間関係」領域を見る。ねらいたい領域がはっきりしない場合は、各領域の中・小項目から授業のイメージに当てはまる、もしくはそれに近い内容を探す。

　次に指導する子どもに合った発達段階を学習内容表から選んでみる。ここでは小学部低学年の授業なので、生活年齢の視点から②の段階が相当する。該当箇所の前の段階である①は、授業をする前にどんな学習経験があるとよいか、あとの段階③は今後の指導をどのように発展させるかを考えるヒントになる。

　『あさのあつまり』で大切にしている「活動の見通し」、「人への関心」、「役割のある活動」が学習内容表のどこに位置しているかを確かめる。合わせて『あさのあつまり』の授業のなかで子どもたちに身に付けてほしい内容を選びながら、担任としてどんな活動をするのかを具体的に思い描いてみる。

	領域	小項目	段階②
活動の見通し →	人間関係 Ⅳ-1-②	活動の流れの理解	短い系列の遊び（やりとり遊び、簡単なゲームなど）に参加する。
	人間関係 Ⅴ-2-②	目標にポジティブに向かう姿勢	できること、わかることを積み重ね、自信をもつ。

活動の流れを理解できるように、まずは順番を決めて、子どもが好きな簡単なやりとり遊びに繰り返し取組もう。毎日繰り返すことで、流れがわかるようになり、自分でできること、わかることが増えて、自信をもって自ら積極的に取組めるようになってほしい。

担任

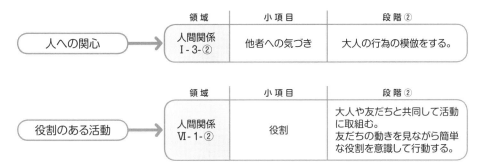

教師や友だちへの関心をもってもらうために、あいさつや歌など教師や友だちの模倣をする活動を設定しよう。友だちへの関心をより引き出すために、子どもがわかりやすい役割をもたせ、教師と子どもが一緒に取組める活動を設定しよう。

担任

また「人間関係」領域の他にも『あさのあつまり』の活動を通して育てることが期待できる力を考え、他の領域も見てみる。ここでは、『あさのあつまり』で取組むいくつかの活動を通して考えてみた。

	領域	小項目	段階②
あいさつ・返事	コミュニケーション Ⅱ-2-②	返事	自分の名前を呼ばれたら返事をする。
名前呼び	認知 Ⅲ-2-②	やりとり・応答	身近な事物と結び付いた簡単な発語ができ、応答する。
歌	情操 Ⅱ-1-②	聴く	聴きたい音楽を選ぶ。

(2) 単元目標を具体的に定める

次に、授業のイメージにあてはまる学習内容表の項目を具体的な単元目標に置き換えてみる。もし、小項目にある表記ではねらいが明確にならない場合は、実際の活動に沿って具体的な表現に書き換えていくと明確な目標に近づけていくことができる。

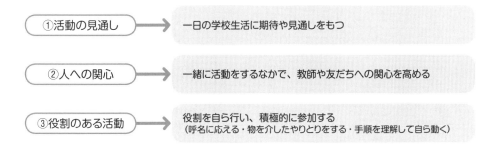

第3節

(3) 単元目標を具体的な目標行動に表わす

　学習内容表でとりあげた小項目を、具体的な行動に表してみよう。具体的な行動目標は、授業の評価をする際の基準にもなる。

　具体的にならない場合は、実際の活動に沿って書き直す。具体的な目標行動が明確になると、一つひとつの活動がどのようなねらいをもっているか理解しやすくなる。いくつかとり上げてみると、次のようになる。

	学習内容		具体的な目標行動
人間関係 Ⅳ-1-②	役割	大人や友だちと共同して活動に取組む。友だちの動きを見ながら、簡単な役割を意識して行動する。	友だちの動きを見ながら簡単な役割を意識して行動する。
コミュニケーション Ⅱ-2-②	返事	自分の名前を呼ばれたら返事をする。	呼名の際に自分の名前を呼ばれたら返事をする。

(4) 単元の展開を具体的に書き表す

　単元目標や具体的な目標行動を表したら、『あさのあつまり』で使う教材を考えながら、どのように授業を展開していくかを具体的に書き表していく。具体的な単元計画とそれに対応する学習活動を書き表す。このとき、「指導計画集」を使う。示されている学習活動の展開の仕方や、教材・教具が参考になる。また、使う教材の特性をよく考えて、活動にあてはめていくと単元の展開がわかりやすくなる。

●指導計画の展開部分

単元計画	学習活動
①あつまれ！はなぐみ／30分、毎日	1. はじめのあいさつ ・日直は司会ボードの横に立つ。 ・姿勢を正す（「気を付け、ぴっ」）。 ・あいさつをする（「これから朝の会を始めます。礼」）。 ・日付、曜日、天気の確認をする。 2. あさのうた ・日直はサブティーチャーにピアノ伴奏をお願いする。 ・身振りをしながら歌を歌う。 3. こんげつのうた ・日直はサブティーチャーにピアノ伴奏をお願いする。 ・その月々に選んだ歌を歌う。 4. なまえよび（呼名） (1) 日直の活動 ・名札プレートを箱からとる。 ・名札プレートを見せながら名前を呼ぶ。 ・カードを手渡す。 ・受け手とタッチをする。 (2) 受け手の活動 ・呼ばれたら返事をする。 ・名札プレートを受とる。 ・ホワイトボードに貼る。 ・日直とタッチする。 ・席に着く。 5. ラジオたいそう ・日直はサブティーチャーにピアノ伴奏をお願いする。 ・ピアノ伴奏に合わせてラジオ体操をする。 6. うたのリクエスト ・机、台の準備をする。 ・好きな歌を選び、歌紙芝居を台にのせる。 ・歌紙芝居に合わせて歌を歌う。 ・歌紙芝居を片づける。 7. せんせいのおはなし ・教師が予定を読んで児童に伝え確認する。 8. おわりのあいさつ ・姿勢を正す（「気を付け、ぴっ」）。 ・あいさつをする（「これで朝の会を終わります。礼」）。

授業を Do 実践してみよう

ここでは、先述したポイントに沿って、授業づくりをすすめていく。

意欲を高めるための工夫をする

「やってみたい！」「おもしろそうだな」と子どもが興味・関心をもって取組める活動、教材、トピックを用意する。

(1) 司会の役割で見通しとやりたいという気持ちを引き出す

『あさのあつまり』の進行のために児童が司会の役割を順番に担当している。ここでは司会ボードという教材を使用している。『あさのあつまり』のプログラムを一つひとつ写真や台詞と一緒に1ページに表し、めくりながら台詞を読むことで進行をしやすくしたものである。児童に進行や役割（歌の係など）を示すとともに、司会がページをめくりながら活動を進める動機づけとするために使っている。

司会ボード

司会ボードをめくりながら進めると、だんだん活動の見通しをもてるようになってくる。好きな活動があると期待して待てるようになってくる。子どもたちは司会ボードをめくるのがとても好きなので、「司会をやりたい！」という意欲や積極性を引き出すのに役立っている。

(2) バラエティー豊かな歌の活動と歌を楽しむ歌紙芝居

1・2年ではたくさんの歌をとりいれ、朝歌う「あさのうた」、子どもが曲を選択して歌う「うたのリクエスト」などの活動を設定している。

また、歌紙芝居という教材を用意している。歌紙芝居は、文字理解がまだできない子どもでも歌の歌詞がイメージできるように、歌詞の内容を絵にして紙芝居仕立てにしたものである。めくりやすいように、またバラバラにならないようにシートをクリアファイルに入れて使っている。

歌紙芝居

歌紙芝居はたくさん用意してあり、曲名を覚えられなくても、たくさんの歌紙芝居の中から、子どもが歌いたい曲を選ぶことができる。好きな物を選ぶのは、自己選択・自己決定の力や、コミュニケーションの「要求」の力にもつながっていく。

第3節

因果関係の明確な活動を繰り返し行う

　因果関係のわかりやすい活動は、子どもの参加や学習意欲を促進する。加えて、活動をルーティンにして反復することで、子どもに活動の見通しをもちやすくし、自発性を促すことができる。

　『あさのあつまり』は毎日反復して行う授業であり、因果関係の明確な繰り返しを行う授業の代表例と言える。もちろん、すべての授業をこのような形式で行うわけではなく、部分的にとりいれることでも学習効果が期待できる。

ピアノの伴奏を教師にお願いする

　先に、バラエティー豊かな歌の活動と書いたが、小学部1・2年では、因果関係のある活動の初歩として、毎回歌を歌うときに、司会の子どもやリクエストした子どもが伴奏をする教師に「先生、ピアノをお願いします」と言い、伴奏をする教師は、お願いされてから伴奏を始め、みんなで歌を歌うという活動をとりいれている。教師との関わりやコミュニケーションが子どもの意欲を引き出すとともに、司会や選曲への意欲を引き出すことにもつながっている。

> 歌が大好きなA君は「♪ラーランラララーンだよ」と言って伴奏のイントロ部分を歌って、お願いしてくれるようになりました！

担任

自発的に参加するための物的・人的な手がかりを用意する

　子どもが「なにを」「どこで」「どのように」行えばよいかを、わかりやすくするための物的・人的な手がかりを用意する。使用している教材については他の項でも紹介しているが、すべて、自発的に参加するための物的な手がかりになっている。

(1) 日付・曜日・天気・授業カードを使って日課を確認

　一日の学校生活に見通しをもつための手がかりとなる教材として、日付・曜日・天気・授業名を表した文字カードや写真カードを使う。

　これらを使って一日の流れを説明し確認することで、見通しをもち、安心して学習に取組めるようになる。予定の変更を伝える時にもこれらの教材を使うことで、動揺を減らすことができる。

ここから始めよう！授業づくりの基本

日課のボード

(2) 教師のモデルや言葉かけで司会や子どもの活動を支える

　子どもが見通しをもって自ら活動に取組めるようになるまでは、教師の示すモデルやわかりやすい言葉かけが大切である。最初は司会の役割も教師がモデルを示し、手伝いながら行うと理解が進むようになる。教師のモデルは司会だけでなく、座って参加する子どもへ示すことも必要である。座り方、返事の仕方、名前呼びでの司会とのやりとりの仕方など、はじめは一つひとつ丁寧に見本を見せるようにする。慣れてきたら、教師が担ってきた役割を子どもたちに引き渡していく。

子ども同士のやりとりや共同で活動する機会を設ける

(1) 元気よく名前を呼んで子どもの関わりを引き出す

　『あさのあつまり』の代表的な活動の一つに「なまえよび（呼名）」がある。呼名→返事→プレートの受け渡し→ハイタッチという決まった流れに沿ってやりとりをするので、因果関係のある繰り返しの活動でもある。

　この活動は毎日、そして一人ひとりが行う。はじめはやり方がわからない1年生も、2年生をお手本として見ながら覚え、子ども同士のやりとりを育てる基礎となっている。

　ここでは名前プレートという教材を使っている。名前プレートには顔写真と名前が書かれている。司会の子どもはプレートを他の子どもにも見せながら名前を呼び、呼ばれた子どもは司会からプレートを受けとる。プレートは持ちやすくするために厚みのある発泡スチロールボードを使用し、低学年の子どもでもつかめるサイズに調整している。

名前プレート

第3節

やりとりの機会を設定する

(2) やりとり遊びやダンスをとりいれる

「うたのリクエスト」では、レパートリーにしている歌のなかに、わらべうたのようにやりとり遊びができる歌や、曲に合わせて振り付けをして、2人組になって手をつないだり、全員でダンスができるように工夫をしている。歌の活動は子どもが好きな活動であるうえに、子ども同士のやりとりの機会を設けやすい。音楽が専門の教師が作曲した、やりとりを歌詞にしたオリジナルの曲を使う場合もある。

授業のなかで認められ、学んだことを振り返る機会を設定する

『あさのあつまり』では指導計画の目標に沿って、子どものよい姿、他の子どもが気づいてまねしてほしい姿が見られた時には、その場で評価し、ほめるようにしている。「よい姿勢で参加した」や「静かに待つことができた」など、日常生活場面として望ましい姿が見られた時にも評価するようにしている。

また教師が評価するだけでなく、子ども同士が評価しあえるようにすることも大切である。例えば「今のC君は大きい声で返事ができたけど、みんなはどう思った？」などの言葉かけで、他の子どもからもC君への前向きな評価を引き出す工夫をする。

> C君は教師からほめられるのもうれしいですが、友だちのDさんからほめられると、もっとうれしそうで、より意欲的になりました！

担任

授業評価と改善 Check／Action

チーム（複数担任）で授業省察をする

授業省察、つまり授業の振り返りでは、授業の目標、物的・人的な手がかり、指導の手続きなどが妥当であったか、また一人ひとりの子どもにどのような学びや育ちがあったか、さらにはどこでつまずきがあったかをチームで振り返り、話しあう。

(1) 担任による授業省察

　本学級は、担任が3名おり、3名の連携で授業を行っている。『あさのあつまり』は毎日繰り返し行う授業であるが、子どもたちは毎日異なる状態を示すので、同じ活動でも日によってできたりできなかったりすることがある。そこで、毎日の観察のなかで、それぞれ担任が気づいたエピソードをお互いに伝えあうようにし、その話しあいをもとに活動の中身を新しく設定したり、子どもに担当させる役割を変えたりしている。

　また、『あさのあつまり』以外の学習場面で、課題としていることをとりいれるようにしている。

座り続けるのが苦手なA君は歌が好きだから、期待感をもって参加できるように「こんげつのうた」の係を毎日やってもらおう！

 Bさんは、発語はないけれど、自分で見て判断する力があるから、今日の天気（晴れ・曇り・雨）を毎日選ぶ係がぴったりだよ。

C君は2ケタの数字の読みを学習しているから、カレンダーを読む役割をやるといいんじゃないかしら。

(2) 授業をビデオカメラで撮影し、見直す

　毎日の振り返りやエピソードを蓄積していくことはとても大切だが、一人の教師が授業をしながら子どもたちの学びやつまずきの姿を観察するには、どうしても限界がある。またメインティーチャー、サブティーチャーそれぞれの位置から見える範囲や、見たことの解釈が異なることがある。

　そこで、1～2か月に1回程度、授業の様子をビデオカメラで撮影し、見直している。ビデオを撮る場合は、教室の斜め前にカメラをセットし、子どもの動きや表情と、教師の動きができるだけ映るようにする。本校では、ワイドコンバージョンレンズを使用し、広い範囲が映るようにしている。撮影したものは、すべてを見ることにこだわらず、気になる場面のみ見るようにしてもよい。

　ビデオを観察し、自分の働きかけと子どもの反応をより客観的な目で捉えてみると、取組めていると感じていたことが、思いのほか、取組めていなかったということを目の当たりにすることもある。またその反対に、子どもが取組めていないと思っていたことが、取組めていることに気づかされる時もある。

　子どもの姿を複数の担任で観察すると、子どもの学んでいる姿やつまずいている姿を見て、その理由や原因がどこにあるのかをディスカッションするなかで、教師によってその意味の解釈が異なることがある。これは、教師一人ひとりの考え方や、教師としての経験によって導きだされる違いであるといえる。子どもの姿は様々な解釈の可能性があり、その違いを共有することで子どもの見方が多様になり、授業の評価が豊かになる。

第3節

(3) 話しあったことを書き残す

　ビデオを観察しながら思ったこと、わかったことや担任で話しあったことを忘れないために、エピソードやコメントを書き残すことが授業評価・改善にとても役立つ。この時、授業に合わせて評価項目を設定し、それをチェックできるように評価表を作成することも一つの方法である（32ページのコラム参照）。

　また、限られた時間のなかで効率的に話しあうために、付箋を積極的に活用するのもよいだろう。ビデオを見ながら付箋にコメントを書き残して整理すると、課題が整理しやすくなる。定期的にビデオを見て付箋にコメントを書き残しておくと、授業における初期の姿と現在の姿を比較するのに役立ち、子どもの変化や成長を捉えやすくなる。

A君は「今月の歌の係」をやるようになってから、積極的な参加が増えたし、椅子に座って活動に注目できるようになった！

ビデオで振り返ると、子ども同士の関わりが少なかった。歌う時にダンスをとり入れて子ども同士の関わりを引きだそう。

授業について複数の教師で検討する

授業省察をもとに授業の改善をする

　授業改善は、授業省察と同時並行で行う場合が多い。授業改善では、定期的なビデオ分析を通して子どもの変容を観察しながら改善の効果を検討し、担任全員で話しあう。効果があった改善は継続し、効果が見られないものについては、さらに手立てを考えたり、とりやめたりする。この時にも、学習内容表の各項目と段階を見ることで、次にどのような課題設定をすればよいのか、手がかりを得ることができる。

　子どもの変容は形成的な評価を行うとともに、学期や年度の終わりに総括的な評価を行って通知票など成績に反映させている。学習内容表のなかの、子どもが学習した課題にチェックをいれていくことも、学習内容表を活用する一つの方法である。

　本節では、多くの学校で学級活動として取組んでいるであろう「あさのあつまり」をとりあげて、計画、授業実践、評価・改善という授業づくりのプロセスを紹介しながら、その流れのなかで学習内容表と指導計画集を具体的にどのように使うかを説明してきた。

　授業づくりのプロセスとは、10の授業があれば10通りのプロセスがあるとも言える。しかし、本書でとりあげている実践事例は、学習内容表の基本的な見方、使い方は共通している。まずは学習内容表や授業実践、指導計画集のなかの読者の興味のあるところを見てほしい。そこから新しい授業づくりの楽しみを見いだしていただきたい。

（田上幸太）

Column

授業の振り返りに役立つ授業評価シート

授業評価シートとは

　授業評価シートとは、授業研究会において、参観者が授業を観察し、気づいたことや考えたことを記入して授業者に渡し、授業改善に役立てるためのツールである（このシートは授業省察でも使うことができる）。授業研究会が授業を一方的に批評するのではなく、授業者と参観者の双方が、授業とそのなかの子どもの姿から学びあうにはどうすればいいか、という問いから作成したもので、「みんなで見よう！　みんなで考えよう！」という名前にしている。

　授業評価シートは、授業を観察し評価するための3つの枠組みがある。枠組みのそれぞれには、評価のために必要と考える観点が記載されている。

①目標の評価

　目標の評価は、その授業や単元における目標がどの程度達成できていたか、また子どものどんな姿から達成できていると解釈したのかを記述する。目標の評価における主な観点として、個人目標の達成度、集団目標の達成度、系統的な課題設定、段階的な目標設定など、4つの項目を掲げてある。

②手立ての評価

　手立ての評価は、その授業や単元の目標の達成のためにとられた手立てを記述する。手立てといっても、教室環境や、授業での場面設定、教材・教具をはじめ、子どもへの動機づけから働きかけまで、様々な観点がある。シートでは、手立ての評価の主な観点として、教室環境（座席の位置、余計な物がないなど）、場面設定、教師の働きかけや指示・説明（わかりやすさなど）、チームティーチング、認知スタイルや障害特性への配慮など、13の項目を掲げている。

③その他

　その他では、上記の2つの枠組みだけでは拾いきれないが、授業を参観して学んだことや授業者に質問したいことなどを記述する。

授業評価シートの使い方

　授業研究会の前に参観者に授業評価シートを配布し、研究授業を観察しながらその場で、または授業終了後に記入し、授業者へ渡す。また研究授業後の協議を聞いたあとで、新たに気づいたことを加えてもよい。教育実習生の研究授業の評価などにも活用できる。

　授業が十人十色であるように、参観者の見方も十人十色である。たくさんの参観者から多くの意見や感想、質問を得ることで授業者にとって授業の見方が豊かになり、授業改善を後押しするであろう。

●授業評価シート

みんなで見よう！　みんなで考えよう！

[　　　]部　[　　]年　　記入日：　　月　　日　　記入者[　　　　　　　]

目標の評価	評価の観点：①個人目標の達成度　②集団目標の達成度　③系統的な課題設定　④段階的な目標設定等
	例）①　例）Aさんはルールに従ってゲームに参加していたので、本時の目標を達成できたと思う。
手立ての評価	評価の観点：①教室環境（座席の位置、余計な物がない等）　②場面設定　③参加機会　④学習機会 ⑤やりとり機会　⑥教材・教具（準備・整理、操作性） ⑦評価（わかりやすさ、互いのよさを認める等）　⑧授業展開（めりはり、時間構成、見通しへの配慮） ⑨注目のさせ方　⑩意欲づけ　⑪教師の働きかけや指示・説明（わかりやすさ等） ⑫チームティーチング　⑬認知スタイルや障害特性への配慮等
その他	評価の観点：子どもの様子や表情・視線、子ども同士の関わり、子どもの変化、実施期間や回数の妥当性等
	＊授業を参観して、気づいたこと、すばらしいと思ったこと、学んだこと、質問したいこと、改善案などをお書きください。

第2章
学習内容表と授業づくりの実際

日常生活指導／特別活動・生活単元学習・自立活動

「人間関係」領域
「わたし」と「あなた」の関係から社会への関わりへ

領域のねらいと特徴

「人間関係」領域では、人間関係の形成と、現在および将来の社会参加のために必要とされる「他者との関わりや様々な集団活動を経験しながら、主体的に活動に参加する力を育む」ことをねらいとしている。この学習領域の特徴は、関わりの基礎としての「わたし」と「あなた」という関係づくりの場から、家族や親戚、学級、学校、地域、社会へと関わりの場を広げ、互いに「わたし」と「あなた」を理解する中で自己を肯定的に捉えながら、主体的に参加する姿を目指している。

項目の構成

この領域は、「自己」と「他者」、さらに「社会」との関わりへと参加の場を広げていくために身に付けてほしい力を、以下の7項目に分けている。

- 「Ⅰ．他者を理解する」「Ⅱ．自分を理解する」
  愛着や信頼関係をもとに、自己と他者の間の「同じ点」と「違う点」を理解し、共感・共有感や自尊感情につながる自己を育む。

- 「Ⅲ．気持ちや行為を調整する」
  情動の共有経験をもとに、気持ちや行動を相手に合わせる経験を積み重ねる中で、自己調整する力を育む。

- 「Ⅳ．活動の見通しをもつ」
  他者との関わりの基礎や、集団に参加するために必要な活動の流れ（枠組み）を理解する力を育む。

● 「Ⅴ. 自分を表現する」
経験の振り返りの中で自己の感情や考えを伝えたり、集団での関係を維持するためのコミュニケーションスキルを身に付け、自己の目標にポジティブに向かう姿勢を育む。

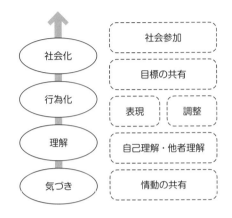

「人間関係」領域の構成

● 「Ⅵ. 目的・目標を共有（協働、協力）して取組む」
互いの役割を理解し、共通の目標に向けて協力しながら課題を遂行する力や、仲間関係を育みながら活動を共有する力を身に付ける。

● 「Ⅶ. 社会へよりよく参加する」
Ⅰ～Ⅵの項目に含まれる他者との関係形成を育むための内容をもとに、社会参加のために必要な社会的スキルを身に付ける。

「人間関係」領域は、これら7つの大項目からなり、大項目はさらに計32の小項目から構成されている。

他領域との関係

「人間関係」領域は、「Ⅶ. 社会へよりよく参加する」項目において、余暇、卒業後の生活の内容が、「社会生活・進路」、時間の内容が「認知」および「生活」領域の学習内容と関連している。

「人間関係」領域
「わたし」と「あなた」の関係から社会への関わりへ

授業づくりのここがポイント！

「楽しい！ おもしろい！」
情動を共有できる活動の設定

　身近な大人との関係から仲間関係へと広げていくために、互いにポジティブな情動を共有できる活動を設定する。
　幼児・児童の学習では、見通しをもちやすいシンプルな活動（またはストーリー）で楽しみを共有し、「一緒」に活動する経験を積み重ねさせる。
　児童・生徒の学習では、ペアやチームで点数を競うようなゲーム活動を設定することで、勝ち負けの結果から「嬉しい！（くやしい）」といった情動や感情を共有できるようにする。

音楽でも関わりを深めます

「一緒にやろう！ 頑張ろう！」
役割のある活動の設定

　自分の役割を理解し、これを達成することで、※活動に対する自信をつける。また、他者の役割を理解し、協同で活動することで相手に合わせて行動することを経験させる。
　例えば、それぞれが違う役割を分担して活動する「役割分担活動」や、ペアなどの少人数が互いの意図を合わせながら活動する「協同活動」を設定することに

※自信をもってポジティブに活動へ向かう気持ちを促す。

よって、より相手を意識しながら自分の気持ちや行動を調整する力が身に付くようにする。

一人一役のゲーム進行

「やったね！ 頑張ったね！」

互いに認めあう評価機会の設定

　活動を振り返る機会を設定し、自分が頑張ったことを伝えること（自己評価）で、人からほめられる、または認められる経験を通して、自信をもって主体的に活動参加する動機を高める。

　また、友だちのよかったことを見つけ、互いに認めあう経験（相互評価）を通して相手を尊重する気持ちを促す。

　教師は、児童・生徒同士のよい関わりを積極的に評価する（他者評価）ために視覚的な評価ツールを用いるなど、ほめた結果を形に残す工夫をすることによって、児童・生徒同士が振り返りやすい手がかりを与える。

動画や発表ツールを使って

学習内容表 「人間関係」領域

大項目	小項目	①	②
Ⅰ.他者を理解する （社会生活・進路領域 Ⅱ-11と関連）	1.愛着・信頼	・特定の大人と関係をつくる。	・複数の大人と愛着をもって接する。
	2.共感・共有	・快、不快などに気づく。	・喜びや悲しみに共感する。
	3.他者への気づき	・他者の存在に気づく。	・大人の行為の模倣をする。
	4.自他の相違		・自分と他者の似ているところや違いに気づく。 ・他者の顔、名前、性別、所有がわかる。
	5.思いやり	・友だちをはげましたり、ほめたりする。友だちを慰める。 ・他者が困っていたり失敗したりしたときに援助する。	
	6.聞く姿勢	・特定の大人に注意を向ける。	・話している大人に注意を向ける。
Ⅱ.自分を理解する	1.好き嫌い・得手不得手	・自分の好きなこと、嫌いなことがわかる。	
	2.属性	・自分の名前がわかる。	・自分の顔、名前、性別、所有などがわかる。
	3.自分の行為や考えの理解	・活動に従事していることがわかる。 ・自分の身体に気づく。	
	4.障害理解		
Ⅲ.気持ちや行為を調整する	1.情動の調整とセルフコントロール	・身体的な接触（スキンシップなど）を通して気持ちが安定する。	・特定の大人との関わり（言葉、シンボル、サインなど）のなかで気持ちが安定する。 ・勝敗がわかり、受け入れる。
	2.規範を守る	・特定の大人からの簡単な指示に応じる。	・特定の大人と決めた約束がわかり、守る。
	3.集合・整列	・合図や号令で集合・整列する。	
Ⅳ.活動の見通しをもつ	1.活動の流れの理解	・始まりと終わりがわかる。 ・活動には流れがあることを知る。	・食事、排泄、着替えなどの流れがわかり行動する。 ・短い系列の遊び（やりとり遊び、簡単なゲームなど）に参加する。
	2.予定変更	・活動予定の変更を知り、わかる。	

日常生活指導／特別活動・生活単元学習・自立活動

原則として、①4～6歳(幼稚部)　②7～9歳(小学部低学年)　③10～12歳(小学部高学年)
④13～15歳(中学部)　⑤16～18歳(高等部)

③	④	⑤	本体・CD収録の単元例
・特定の友だちと愛着をもって接する。	・信頼できる人を介して新しい関係を築く。		CD8.幼稚部(学部)
・喜び、悲しみ、不安、怒りに共感したり同調したりする。		・他者の意図、考え、意見に共感したり同調したりする。	CD17.中学部(1年) CD28.高等部(1年)
・大人の行為の模倣をする。	・友だちの模倣をする。	・集団の雰囲気に共感する。 ・相手の気持ちを考えて行動する。	CD3.中学部(学部)
・自分と他者の似ているところや違いに気づく。 ・他者の顔、名前、性別、所有がわかる。	・他者の属性、所有、性格などがわかる。 ・思っていることの違いを知り、相手を認める。		CD16.中学部(1年)
・友だちをはげましたり、ほめたりする。友だちを慰める。 ・他者が困っていたり失敗したりしたときに援助する。			CD1.小学部(5・6年) CD20.中学部(3年) 本体4.中学部(2年)
・話している大人に注意を向ける。	・大人や友だちの話を最後まで聞く。	・話しをする相手を見て最後まで静かに話を聞く。	CD14.小学部(5・6年)
・自分の好きなこと、嫌いなことがわかる。	・自分の好きなこと、嫌いなこと、やりたいことがわかる。	・自分の性格、趣味、適性、長所、短所などがわかる。	CD9.小学部(1・2年)
・自分の顔、名前、性別、所有などがわかる。	・自分の属性(名前、性別、住所、電話番号、生年月日など)がわかる。		CD18.中学部(2年)
・自分のしたことやこれからしようとすることがわかる。		・他者から見た自分について知り、わかる。	CD27.高等部(3年)
		・自分の障害について知る(知的障害とは何か、自分自身のやりにくさ)。	
・学級のきまりのなかで気持ちを調整する。	・集団活動(友だちを含めた関わり)のなかで気持ちを調整する。 ・自分の失敗やまちがいを受け入れる。	・自分の意見が違っていても全体で決めたことを認め、行動する。 ・自分の失敗やまちがいを受け入れ、修正をする。 ・指摘を受け止め、自分の気持ちをコントロールする。 ・環境や場面に応じて、折りあいをつけ、修正、切り替え、あきらめを使い分ける。 ・目標の設定をし直す。 ・友だちの失敗をとがめない。 ・むやみに口出しをしない。	CD24.高等部(2年) CD33.中学部 (課題別グループ)
・学級で決めたきまりがわかり、守る。	・決められた時間や場所がわかり、行動する。 ・全体の指示を聞いて行動する。	・決められたことも指示、注意を受け入れ行動する。 ・社会的な規範(約束、きまり、指示、順番)を守る。 ・活動や予定の変更に対応する。 ・器具、機器などをゆずりあって使う。	CD4.高等部(1・2・3年) CD12.小学部(5・6年) CD13.小学部(5・6年)
・合図や号令で集合・整列する。			
・長い系列の活動(買い物、調理、小集団のゲーム、勝敗のあるゲーム、劇など)に参加する。 ・一日の流れがわかり取組む。	・週、月、年間単位の活動内容や全体の流れがわかり取組む。 ・新しい場や関わる人を知り、新たに参加する活動の見通しをもつ。 ・自由時間の意味や使い方を知る(夏休みと、昼休みと、休み時間の違いと過ごし方など)。		CD2.中学部(1・2・3年) CD10.小学部(1・2年) CD15.中学部(学部) 本体1.幼稚部(学部)
・活動予定の変更を知り、わかる。			

人間関係／生活／認知／身体・運動／情操／コミュニケーション／社会生活・進路

「人間関係」領域

大項目	小項目	①	②
Ⅴ.自分を表現する	1.気持ちの伝達	・好きなこと、嫌いなことを伝える。 ・自分がしてほしいことを他者に要求する。 ・相手の注意をひきつける。 ・働きかけに応える。	・特定の大人に援助を求める。 ・自分の気持ちやしたことを伝える。 ・自分から相手に拒否を伝える。 ・友だちがいけないことをしたときに注意する。
	2.目標にポジティブに向かう姿勢 （社会生活・進路領域Ⅱ-14と関連）	・できる、わかる、楽しいという感覚をもつ。	・できること、わかることを積み重ね、自信をもつ。
Ⅵ.目的・目標を共有（協働、協力）して取組む	1.役割 （社会生活・進路領域Ⅱ-12、13と関連）	・簡単な役割がわかり、手伝いや係活動をする。	・大人や友だちと共同して活動に取組む。 ・友だちの動きを見ながら、簡単な役割を意識して行動する。
	2.仲間関係（仲間意識） （社会生活・進路領域Ⅱ-12と関連）	・他者（友だち）と同じ遊びや活動を行う。 ・集団活動の楽しさを知る。	・友だちの遊びに自分から参加したり、誘ったりする。 ・友だちの動きを見て自分も同じ行動をする。
	3.二項関係から三項関係へ	・特定の大人との対面的なやりとり（例：たかいたかい、ぐるぐる、おうまさん）をする。	・事物を介した特定の大人とのやりとり（例：ちょうだい／どうぞ、指さし）をする。
Ⅶ.社会へよりよく参加する	1.あいさつ	・簡単なあいさつをする。	・場面や状況に応じてあいさつや返事をする。
	2.伝達・報告・許可・お礼・謝罪		
	3.電話の使用		
	4.公共施設の利用	・大人と一緒に公共の施設に行く。	・公共施設、交通機関を利用する経験をする。 ・宿泊の経験をする。
	5.交通ルール	・大人と一緒に道路を安全に歩く。	・簡単な交通ルールがわかり、守る。
	6.余暇・卒業後の生活 （社会生活・進路領域Ⅲ-1と関連）	社会生活・進路領域Ⅲ-1、2を参照	
	7.安全		・危険な物や場所がわかり、避けたり、助けを求めたりする。
	8.異性交際		
	9.時間	認知領域Ⅱ-(12)-1～6、生活領域Ⅱ-(9)を参照	
	10.情報モラル		
	11.自己防衛・トラブル対応		・対人関係のトラブルを回避する（けんかを避ける）。
	12.社会規範の基礎	・基本的な社会規範（うそをつかない、人のせいにしない、人の物をとらない）がわかる。	

日常生活指導／特別活動・生活単元学習・自立活動

③	④	⑤	本体・CD収録の単元例
・自分の意見を伝える。 ・自己紹介をする。 ・質問されたら答える。 ・許可を求める。	・経験したり、感じたりしたことを話す、書く、発表する。 ・話しあいで自分の意見を述べる。 ・働きかけに対する応答の態度や技能を身に付ける。 ・自分から相手に依頼をする。	・見たり聞いたり、体験したりしたことを振り返り、考え、まとめる。 ・友だちの誤りや失敗に気づき、注意、忠告できる。 ・自分の意見を多くの人の前で表明する。 ・自分から相手に相談をする。	CD21.中学部 (3年) CD26.高等部 (2年)
	・できること、わかることを積み重ね、自信をもつ。	・新しいことや苦手なことに挑戦する。 ・目標や期待に応えようとする。	・やること、求められることがわかり、主体的かつ自信をもって行動に移す。 ・失敗に対する耐性をもつ（何度も挑戦する）。 ・(発展) 人のために役立つ。	CD5.高等部 　（縦割りグループ） 本体2.小学部 (1・2年)
・大人や友だちと共同して活動に取組む。 ・友だちの動きを見ながら、簡単な役割を意識して行動する。	・学級内の係活動を自主的に行う。 ・友だちと協力して活動に取組む (例：準備、片づけ)。 ・自分に与えられた役割を最後までやり遂げる。	・目的、目標に向けて各自の役割がわかり、責任をもって行う。 ・周囲の状況を見て、自分から役割を見つけて取組む。	CD6.高等部 (縦割りグループ) CD7.高等部 (縦割りグループ) CD19.中学部 (3年) CD30.小学部 (課題別グループ) CD32.小学部 (課題別グループ) 本体5.高等部 (1年)
・友だちの見本となるような行動をする。 ・仲間と一緒に物を作ったり育てたりする。	・活動の目標や内容について友だちと話しあう。 ・目標を達成するために協力しあう。	・活動の目的や目標を話しあって決める。 ・活動の目的、目標がわかり共有する。 ・目的、目標をもって協力、協働して活動する。	CD11.小学部 (5・6年) CD31.小学部 　（課題別グループ） 本体3.小学部 　（課題別グループ）
	・リーダーとなって小集団をまとめようとする。		
・事物を介した大人や友だちとのやりとりをする。			
・場面や状況に応じてあいさつや返事をする。	・日常のあいさつをする。	・あいさつ、返事をする。	CD25.高等部 (1年)
	・感謝、謝罪の気持ちを言葉で表す。 ・必要なことを伝達したり報告する。 ・必要なことは丁寧な言葉で話す。 ・声の大きさや話し方を場所や状況に応じて調整する。		CD23.高等部 (1年)
・場や状況に応じて電話を使う。		・電話での簡単な応答をする。	
・公共の場所のきまりやマナーを守る。	・公共の場にはきまりがあり、守らなければならないことを知る。	・公共機関のマナーを守る。	CD22.高等部 (2年)
・簡単な交通ルールがわかり、守る。	・安全や危険がわかる。	・交通機関のマナーを守る。	
社会生活・進路領域Ⅲ-1、2を参照	・余暇や休日を友だちや家族と楽しむ。	・卒業後の生活（寮、サークル、同窓会）を楽しむ。 ・催しに参加する。	
・危険な物や場所がわかり、避けたり、助けを求めたりする。			
	・異性との交際などの人間関係について知る。		CD29.高等部 (2年)
認知領域Ⅱ-(12)-1～6、生活領域Ⅱ-(9)を参照	・時間を見て行動する。		
	・情報機器の使い方を知る。	・情報機器使用（携帯電話やパソコンのメールなど）のモラルを知る。	
・対人関係のトラブルを回避する（けんかを避ける）。	・困ったときに興奮しないで相手に助けを求める。 ・トラブルへの対処を知る。		
・基本的な社会規範（うそをつかない、人のせいにしない、人の物をとらない）がわかる。			

人間関係／生活／認知／身体・運動／情緒／コミュニケーション／社会生活・進路

| 実践事例 1 | 「人間関係」領域 |

幼稚部 学部 みんなでコロちゃんをさがしにレッツゴー！
〜人と一緒に活動することの楽しさを知り、集団活動に参加する意欲や態度を育む〜

幼児期の人間関係とコミュニケーションを育む授業づくりとして、紙芝居のストーリーを実際に体験する集団活動を行いました。
活動内容には、友だちや教師と協力して行う協同活動や、登場人物とやりとりをする見立て遊びやふり遊びをとりいれました。

単元計画

- みんなでコロちゃんをさがしにレッツゴー！
  〜ワニさん教えて！〜 …… 5時間　**単元計画の実際→**
- みんなでコロちゃんをさがしにレッツゴー！
  〜コロちゃんとかくれんぼ〜 …… 6時間
- みんなでコロちゃんをさがしにレッツゴー！
  〜コロちゃんの大冒険〜 …… 5時間

単元目標と学習内容

1 活動の流れを理解し、見通しをもって積極的に活動に参加する

- 紙芝居の登場人物に注目し、場面ごとの活動内容を知る。
  人間関係 Ⅳ-1-①　活動の流れの理解
- 短い系列の活動に参加する。
  人間関係 Ⅳ-1-①　活動の流れの理解

2 友だちや教師と協力して活動に取組み、嬉しい、楽しい気持ちを共有する

- 友だちや教師と一緒にワニのしっぽやボックスを持つ。
  人間関係 Ⅵ-1-②③　役割
- 友だちと協力してコロちゃんを探し、見つかったことを喜びあう。
  人間関係 Ⅰ-2-②　共感・共有

3 簡単な言語指示を理解して行動したり、自分の考えや気持ちを伝えたりする

- 登場人物や教師の問いかけに言葉、サイン、指さし、ペープサートを使って答える。
  コミュニケーション Ⅰ-7-①②　報告

日常生活指導／特別活動・生活単元学習・自立活動

単元計画の実際　みんなでコロちゃんをさがしにレッツゴー！

学習のねらい	学習活動

① 活動の始まりを知る
- 活動のシンボルカードに注目する。
- 言葉とサインで始まりのあいさつをする。

始まりのあいさつをする。

② 紙芝居を観て活動の見通しをもつ
- 紙芝居に注目する。
- 紙芝居の登場人物の名前を答える。
- 場面ごとの動作を模倣する。
- メインティーチャーの問いに指さしや言葉、動作で答える。

紙芝居を観る。

③ 登場人物とのやりとりを楽しむ
- コロちゃんに注目してあいさつをする。
- ワニに注目してあいさつをする。
- コロちゃんとワニがかくれんぼに出かけるところを見る。

コロちゃんにあいさつをする。

コロちゃんにはトランシーバーを内蔵しています。コロちゃんとお話しができて、子どもたちは大喜びです。

④ 目標（コロちゃんを探す）を共有する
- メインティーチャーの「みんなでコロちゃんを探しにレッツゴー!!」の合図で立ち上がる。
- バナナの入ったバックを持つ。
- 『コロちゃんどこかな？』の歌に合わせて歩いて教室を一周する。

コロちゃんの大好きなバナナを持って、コロちゃんを探しに出発する。

⑤ 友だちと協力してワニのしっぽを持つ
- みんなで出てきたワニのしっぽを持ち「せーの、うんとこしょ、どっこいしょ！」のかけ声で引っ張る。
- ワニのしっぽを持って移動する。

出てきたワニのしっぽをみんなで持つ。

ワニのしっぽはみんなが持てるように長くしてあります。かけ声に合わせてみんなでしっぽを引っ張ります。

⑥ ワニとのやりとりを楽しむ
- ワニにバナナをあげる。
- 「コロちゃんはどこ？」とワニにたずねる。

ワニにバナナをあげる。

ワニの大きな口には、思わずバナナを食べさせたくなるような穴を開けてあります。ワニは「あ〜ん」と大きな口を開け、子どもの自発的な行動を待ちます。

「人間関係」領域

単元計画の実際 みんなでコロちゃんをさがしにレッツゴー！

学習のねらい	学習活動

7 友だちと協力してワニのしっぽを持つ

- みんなでワニのしっぽを持ち『コロちゃんどこかな？』の歌に合わせ教室を一周する。

ワニのしっぽを持って教室を一周する。

8 かくれているコロちゃんを探す

- 周囲を見渡してコロちゃんを探す。
- ボックスに耳をあててコロちゃんの声を聞く。

隠れているコロちゃんを探す。

> ボックスの中にスピーカーを置いて、コロちゃんの声を発信します。声を聞いて子どもたちがボックスに駆け寄ってきます。

9 友だちと協力してボックスを持つ

- メインティーチャーの「手伝って」のかけ声で集まる。
- コロちゃんが隠れているボックスのふたをみんなで「せーの、よいしょ！」のかけ声で持ち上げる。
- みんなで「やった！」とハイタッチする。

ボックスのふたをみんなで持ち上げ、コロちゃんを見つけてハイタッチをする。

> ボックスのふたにはみんなで持てるように持ち手がたくさんついています。ただし、タイミングを合わせて持ち上げないと開けられない仕組みになっています。

10 コロちゃんを見つけた喜びを共有する

- みんなで「ミュージック、スタート！」の合図を出す。
- みんなでコロちゃんを囲んで音楽に合わせてダンスをする。

みんなで喜びのダンスをする。

11 友だちと協力してボックスを持つ

- コロちゃん親子をボックスに載せて「せーの、よいしょ！」のかけ声で持ち上げ、みんなで『コロちゃんどこかな？』の歌に合わせて隣の教室まで運ぶ。

コロちゃん親子と一緒に帰る。

> ボックスには持ち手がついているのでみんなで持って運べます。

12 経験したことについて答える

- 指さしや言葉、ペープサートを使い、経験したことについて答える。

ペープサートを使って経験したことを振り返る。

日常生活指導／特別活動・生活単元学習・自立活動

学習のねらい	学習活動
⑬ 活動の終わりを知る ・言葉とサインで終わりのあいさつをする。	終わりのあいさつをする。

支援のポイント その1

・紙芝居に注目できるように、背景に黒と赤の無地の不織布で作った舞台を置く。
・紙芝居には、めくるとワニやコロちゃんが出てくる仕掛けを入れて、場面ごとの登場人物や活動の理解を深められるようにする。
・紙芝居の中で「せーの、うんとこしょ、どっこいしょ!」のかけ声とモデルとなる動作を入れ、実際に協力する場面につなげるようにする。

舞台を置くことで、子どもが紙芝居に注目しやすくなるとともに、お話が始まるのがわかり、期待して待つことができます。

紙芝居は楽しい仕掛けがいっぱい。登場人物の動きをまねて楽しむ様子が見られます。

支援のポイント その2

・目標（コロちゃんを探しに行く）を想起しやすくするために、テーマソング『コロちゃんどこかな？』を歌って場面から場面を移動するようにする。
・場面と場面をつなぐ手立てとして、ワニのしっぽを持ちやすくするなど工夫をして、みんなで持って移動できるようにする。
・子どもの自発を待って、段階的に援助を行う。

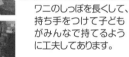

ワニのしっぽを長くして、持ち手をつけて子どもがみんなで持てるように工夫してあります。

まとめ

1. 授業づくりの工夫！

・子どもの興味・関心に基づく授業づくりとして、毎日行っている絵本の読み聞かせから、子どもに人気のある動物を登場人物にしたストーリーを作成した。
・子どもと教師が目標を共有しながら、歌やかけ声に合わせて楽しく協力したり、やりとりしたりする活動場面を随所に設定した。

2. 子どもの学び！

・文化祭（大塚祭）の『三匹のこぶた』の劇遊びでは、物語のストーリーを共有しながら子ども同士でそれぞれの家を協力して作り上げ、おおかみとやりとりする活動を楽しめた。

3. 他の単元へのつながり！

・他の授業においても教材の準備・片づけを協力して行う機会を設定できる。

（仲野みこ、大蔵みどり、福谷憲司、小笠原志乃、田盛信寿）

実践事例 2

「人間関係」領域

小学部 1・2年 **おでかけフレンズ♪探検隊**
〜一緒に活動することで楽しさを広げよう！〜

教師や子どもたち同士が一緒に活動することで「楽しい」と感じられるようになってほしいと考えました。また、実際の生活に生かしたいと考え、「おでかけ」を題材としてとりあげました。

単元計画

- ●おまつりにいこう！ …… 5時間
- ●はなぐみアクアリウム …… 6時間
- ●いこう！　どうぶつえん …… 7時間　単元計画の実際→

単元目標と学習内容

1 目的や流れを知り、大人や友だちと共同して活動する楽しさを味わう

- ●友だちや教師と一緒に、できる、楽しいという感覚をもつ。
  人間関係 V-2-①　目標にポジティブに向かう姿勢
- ●友だちや教師と同じ活動を共有する。友だちの動きを意識する。
  人間関係 VI-1-②　役割

2 大人と一緒に、お祭りや動物園などのおでかけに行くための活動を経験する

- ●校外学習で、実際に水族館や動物園に行く。
  生活 III-(2)-3-②　地域資源の利用
- ●歌やダンス、ものまねを通して、動物をイメージしたり、表現したりする。
  情操 II-4-②　身体表現

3 楽しむためのルールを知る

- ●みんなで楽しむために、順番を守ったり、ゆずりあったりする。
  人間関係 VII-4-③　公共施設の利用

日常生活指導／特別活動・生活単元学習・自立活動

単元計画の実際　いこう！　どうぶつえん

学習のねらい	学習活動
① 始めのあいさつをする	・日直の号令に合わせてあいさつをする。 「これから『動物園に行こう！』を始めます」
② 活動の内容を知る	・写真を見て、活動のプログラムを知る。 「♪いこう！　どうぶつえん」の歌を歌う。
③ 動物の歌を歌う 教師や友だちと同じ活動を共有する。友だちの動きを意識する。 歌やダンス、ものまねを通して、動物をイメージしたり、表現したりする。 友だちや教師と一緒に、できる、楽しい！という感覚をもつ。	(1) 動物リズム 　リズム係の演奏に合わせて、リズムをとり、動物のまねをする。 (2) ゾウのシワ 　ペアになり、歌に合わせて手遊びをする。 　友だちの体に触れあう手遊びをする。

「♪動物リズム」の曲に合わせて、ライオンやゾウ、ウサギなどの動きのものまねを楽しんでいます。ゾウのA君は果敢に先生ライオンに挑んでいます。

「♪ゾウのシワ」の歌に合わせて、友だち同士でひざ、おなか、背中をなでたりくすぐったりして触れあいます。

(3) 鈴をまわそう！
　キャラクター鈴を歌に合わせてまわす。

支援のポイント その1

みんなで一緒に活動することで、楽しさを感じる。
「楽しいね」と言葉にしながら、「ハイタッチ」、「サイン」、「拍手」をすることで、「楽しい」感覚を知る。

「♪鈴をまわそう！」の歌に合わせて、みんなでオー！とかけ声をかけています。正面のB君はしっかり腕が伸びていてステキです。

「人間関係」領域

単元計画の実際 いこう！ どうぶつえん

学習のねらい	学習活動
④ 動物園に行く みんなで楽しむために、順番を守ったり、ゆずりあったりする。 友だちや教師と一緒に、できる、楽しいという感覚をもつ。	（1）えさとりジャンプ 　　木になっている実をジャンプしてとる。 （2）たまごあつめゲーム 　　卵パックにたまごマラカスを丁寧にできるだけ早く入れる。 　　たまごあつめ達人の子どもと一緒にやる。 （3）ゾウと力くらべ 　　親ゾウと綱引きをして、力くらべをする。

支援のポイント その2

バナナをとろうとする気持ちを引き出すために、枝の高さの調整をします。子どもたちがジャンプした時にとれるようにすると、子どもの達成感が高まります。友だちを後ろから抱え上げて、バナナをとれるように手伝うという関わりも生まれました。

バナナをとろうと一生懸命腕を伸ばすC君やDさん。

支援のポイント その3

ゾウと綱引きをすることで、子どもたちが同じ目標に向かって力を合わせて活動する場面を作ります。シンプルで明快な活動を設定することを大事にしています。

「ゾウとつなひき」は子どもたちが力を合わせる一番の見せ場です。

⑤ 学習したことを確認する 友だちや教師と一緒に、できる、楽しいという感覚をもつ。	・楽しかったことを発表する。 ・動物マスターカードを受けとる。
⑥ 終わりのあいさつをする	・日直の号令に合わせてあいさつをする。 　「これで『動物園に行こう！』を終わります」

日常生活指導／特別活動・生活単元学習・自立活動

活動プログラムの説明の様子

配置図（教室）

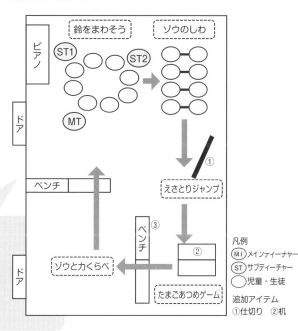

集中が続きにくい小学校低学年の場合、活動ごとに場面を区切り、場所を移動しながら活動することで、集中を続けやすくし、見通しや期待感をもって活動できるよう工夫しています。

まとめ

1. 授業づくりの工夫！

- 同じ目標に向かって力を合わせる協同的な学習場面づくりをする。
- みんなでやる楽しさを味わう活動を多く！

2. 子どもの学び！

- 家族でのお出かけにスムーズに参加できるようになった。
- お出かけに興味をもてるようになった。
- 子ども同士の協力場面が随所で見られるようになった。

3. 他の単元へのつながり！

- 校外学習で実際に水族館や動物園に行く活動を、本単元と併行して行う。

（田上幸太、根岸由香、遠藤絵美）

実践事例 3 「人間関係」領域

小学部 課題別グループ
ミックスジュース めろんグループ
ペアで一緒にやり遂げよう！
～見通しをもって友だちと一緒に達成しよう～

友だちの行動や発話に関心を向け、協力して活動に取組むことをねらいとします。また、目的や指示に応じて友だちと一緒に活動をやり遂げることができるように願い、学習活動を設定しました。

単元計画
- ピカピカにしよう①（雑巾を使った活動）…… 5時間
- ピカピカにしよう②（布巾を使った活動）…… 4時間
- ピカピカにしよう③（モップを使った活動）…… 4時間　単元計画の実際→

単元目標と学習内容

1 目的や流れを知り、友だちと協力して活動をやり遂げる
- 活動を理解し、目標や期待に応えようとする
　　人間関係 Ⅴ-2-①〜⑤　目標にポジティブに向かう姿勢
- 友だちと協力して活動をやり遂げる
　　人間関係 Ⅵ-1-②〜④　役割

2 友だちへ働きかけたり、友だちの働きかけに応じたりして活動する
- 友だちの見本となるような行動をしたり、友だちを誘ったりする
　　人間関係 Ⅵ-2-②③　仲間関係
- 感想を発表し、活動を振り返り他者に伝える
　　コミュニケーション Ⅰ-5-②③　叙述・語り

3 活動の約束や指示、順番を理解して行動する
- ルールのある活動に参加し、約束や指示に応じて行動する
　　コミュニケーション Ⅱ-4-①　指示・説明の理解

日常生活指導／特別活動・生活単元学習・自立活動

単元計画の実際　ピカピカにしよう③（モップを使った活動）

	学習のねらい	学習活動
1	**始めのあいさつをする** 場面や状況に合わせたあいさつや返事をする。	・係の号令に合わせてあいさつをする。 「これから『めろんグループ』を始めます」 ・名前カードは相手の顔を見て両手で「にっこり」して渡す。

あいさつ　名前カードを「にっこり」して渡す。

2	**活動の内容を知る**	・前時の振り返りをする。 ・本時の活動内容と目標を知る。
3	**めろんグループの歌を歌う** ・教師や友だちと同じ活動を共有する。 ・友だちの動きを意識する。 ・友だちを意識して活動するきっかけとする。 ・友だちや教師と一緒に、活動への期待感をもつ。	・友だちとペアになり、歌に合わせて相手の身体部位（頭、肩、膝、おなか、背中）をタッチする。 ・歌の最後にそれぞれのポーズを決め、一体感を得る。 ・「今日のペア」の発表を聞く。

あたまポーズ♪

めろんグループの歌

支援のポイント その1

どの友だちとも一緒に活動し、やり遂げる。タッチする身体部位をリクエストする、すてきなポーズの友だちに注目させることで期待感を得る。全員の友だちとペアが組めるように歌は3回行い、誰とペアになってもできる自信をもてるようにする。

得意な決めポーズ！

めろんグループの歌　ポーズ！

「人間関係」領域

単元計画の実際 ピカピカにしよう③ (モップを使った活動)

④ 学習のねらい

大きなモップで室内を拭く

- 約束や指示、順番を理解してペアの友だちと一緒に大きなモップで床を丁寧に拭き、次のペアにモップを渡す。
- 友だちや教師と一緒に、できる、楽しいという感覚をもつ。
- 見通しをもって活動し、ペアの友だちと協力してやり遂げる。

学習活動

- 室内にある長椅子を友だちとペアで廊下に運び、指定された場所に丁寧に置く。
- 目印の箱を友だちとペアで運ぶ。
  6～7m離れた場所から重い箱をペアで安全に運び、指定されたところへ丁寧に置く。
- モップリレーをする。
  ペアで目印の箱を回って床を拭き、次のペアにバトンタッチする。

支援のポイント その2

箱はペットボトルを入れて重さを調整し、二人で協力しなければ目的の場所まで運べないようにする。自分と相手の状況がわかりやすい設定を大切にする。

目印の箱運び

「重いよー」
「2人なら持てるよ！」

支援のポイント その3

大きなモップを活用することによって、ペアの友だちと同じ目標に向かって力を合わせて活動する場面を作る。シンプルで現実的な活動を設定すること、また、行き戻りやリレー方式など見通しをもちやすい活動の設定を大切にする。

モップリレー

ペースを合わせて協力しよう！

⑤ 学習したことを確認する

- 感想を発表する。
- 活動を振り返り、教師や友だちに伝える。

- 本時の目標を確認する。
- 本時の目標に沿って自分が頑張ったことや友だちのよかったところを発表する。
  「○○さんと一緒に最後まで拭きました」
  「○○さんはしっかり持ってくれました」
- 今日のMVPペアと評価を教師から聞く。

⑥ 終わりのあいさつをする

- 名前カードを受けとり、あいさつをする。

日常生活指導／特別活動・生活単元学習・自立活動

配置図（教室）

輪になって回ります。
「みんなであつまろう♪」

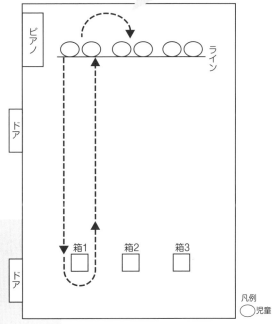

「めろんグループの歌」では、輪になった後、ペアになってタッチしあいます。
「モップで拭こう」では、運んできた箱を目印に、ペアで一緒に床を拭きます。

まとめ

1. 授業づくりの工夫！

- 同じ目標に向かって友だちと力を合わせる活動を多くとりいれる。
- 見通しをもって主体的に動ける動線の工夫と、相手を意識して活動ができるようペアになって行う活動の設定をする。
- 家庭や社会生活につながる内容を盛り込む。

2. 子どもの学び！

- 家庭でも自信をもって積極的に手伝いに参加するようになった。
- 基本的な道具類の使い方に親しみ、約束を守って最後までやり遂げるようになった。
- 友だちの言動に気づき、いろいろな友だちと協力して、積極的に活動をすることができるようになった。

3. 他の単元へのつながり！

- 日常生活場面でも、友だちを手伝ったり、誘いに応じたりする行動が増えた。

（伊藤かおり、飯島啓太）

実践事例 4　「人間関係」領域

中学部 2年

みんなでゲームを楽しもう（ターゲット野球ゲーム）
～友だちとのよい関わり方を考えよう！　身に付けよう！～

ゲームは、誰もが活躍できて楽しみながら学習できる活動です。ゲーム活動を繰り返し行うことで、勝敗だけでなく友だちとのよい関わり方を学んだり、友だちのよいところを認めあったりしながら仲間関係を育んでもらいたいと考えています。

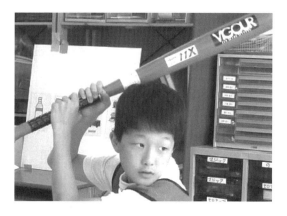

単元計画

● みんなでゲームを楽しもう …… 月2時間　　単元計画の実際→

単元目標と学習内容

1 集団活動の中で、自分の役割を果たしながらゲームに取組む

● 友だちと役割を担ってゲームを行う。

人間関係 Ⅵ-1-②～④　役割

2 友だちのよいところを見つけて、協力してゲームに取組む

● チームの仲間を意識する。友だちのよいところを見つける。

人間関係 Ⅰ-4-②～④　自他の相違

● お互いに応援し、はげましあいながらゲームをする。

人間関係 Ⅰ-5-②～④　思いやり

● 協力しあいながらゲームを進める。

人間関係 Ⅵ-2-②～④　仲間関係

3 簡単なルールを守ってゲームを楽しむ

● 笛の合図に合わせてボールを打つ。

人間関係 Ⅲ-2-②～⑤　規範を守る

日常生活指導／特別活動・生活単元学習・自立活動

単元計画の実際 みんなでゲームを楽しもう

学習のねらい	学習活動
①　準備をする ・机と椅子の移動をする。 ・フープに的をつるし、バッターボックス、スコア表などの準備をする。	 準備と片づけは、みんなでやろうね。準備や片づけも大切な学習です！
②　前回のゲームを振り返る ・振り返りファイルを見ながら、前回のゲームを振り返る。	
③　ゲームをする 　・くじ引きでチームを決める。 (1) 役割の確認をする (2) ルールの確認をする 　・バットはバッターボックス外で振らない。 　・笛の合図で、ボールを打つ。 　・フープを通ったら、得点1点。 　・一人3球ずつ打ち、交代する。 　・バットは次の人へ手渡し、またはケースへしまう。 　・1回の攻撃でチーム全員が打つ。 (3) ゲームの開始 　・司会係は、バッターのアナウンス。 　・テーマソング係は曲を流す。 　・バッターはボックスに立つ。 　・ボール係は、ボール台にボールをセットする。 　・審判のプレイボールの合図と笛でバッターはボールを打つ。 　・得点係はスコアマグネット表とスコア表に得点を記入。	 スコアマグネット表  ボール係  司会  スコア表 一人ひとりが役割を担ってゲームを進めよう！

「人間関係」領域

単元計画の実際　みんなでゲームを楽しもう

学習のねらい	学習活動

支援のポイント その1

生徒に適した役割を設定し、定着したら役割を交代する。教師の支援は徐々に減らし、生徒同士の関わりを増やす。よい関わりが見られた時には、適時ポイントカードで称賛する。

ポイントがたまるのが目に見えて嬉しいよ。もっと頑張るぞ！

④ 結果を発表する

・得点を発表する。
・優勝チームは、メダルをもらう。
・ゲーム中のMVP賞、グッドポイント賞、グリーンポイント賞のメダルをもらう。

みんなで得点を確認しよう！どっちのチームが勝ったかな？

支援のポイント その2

ゲームの勝敗についての結果発表だけでなく、一番得点を挙げた生徒に「MVP賞」、役割や個人の目標に対して頑張っていた生徒に「グッドポイント賞」、友だちと協力しあったり、はげましあったり、よい関わりが見られた生徒に「グリーンポイント賞」を与えて、多様な評価を行う。

友だちや先生からほめられると嬉しいな。ゲームに負けてもメダルがもらえたよ。

⑤ まとめ（振り返り）

・ゲームを振り返り、感想を発表する。
・自分の感想を発表する（自己評価）。
・友だちのよかったところを発表する（他者評価）。
・振り返りシートにまとめる。

支援のポイント その3

振り返りシートは、チームのメンバー、ゲームの勝敗、自分の感想、友だちのよかったところ、グッド・グリーンのポイント数等を記入し、教師が最後によかった点やはげましの言葉を添えて、次回に活用する。

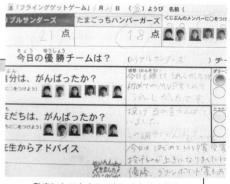

発表したことをシートにまとめよう！これを見ればいつでも思い出せるね。いろいろな場面で活用してみよう！

日常生活指導／特別活動・生活単元学習・自立活動

配置図

生徒はチームごとに着席し、自分の順番になったらボールを打つ。
ボールがフープの中を通ったら得点！

（図：出入口、スコアマグネット表、スコアチューブ、スコア表、司会、バッターボックス、MT、ST、フープターゲット（タテ3×ヨコ3））

凡例
MT メインティーチャー
ST サブティーチャー
○ 生徒

追加アイテム
①ボール台・ボール
②足型
③カゴ（バットケース）

生徒はそれぞれの位置で役割を遂行し、教師は各ポジションでそれぞれの支援を行う。

まとめ

1. 授業づくりの工夫！

・生徒同士が協力しあいながら、ゲームを進められるように以下の点について担任間で話しあい、授業づくりおよび改善を行った。
①ゲーム内容やルールの選定　②チーム分け　③役割　④教材教具の工夫
⑤生徒の動線　⑥教師の役割　⑦ポイントカード提示方法　⑧振り返りなど

2. 子どもの学び！

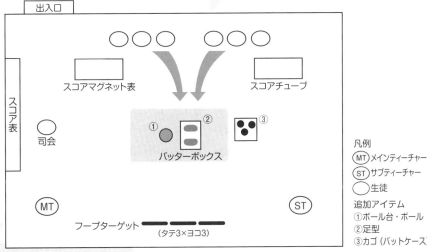

・友だちとの関わり方を学び、日常生活でも会話や関わりが増えた。
・約束を守って活動に取組む意識が向上した。
・友だちへの意識や関心、仲間意識が芽生えた。
・役割を担って活動することで、自信がついて友だちと協力しあう姿が見られた。

3. 他の単元へのつながり！

・学校生活全般においても、評価ツール（グッドポイント・グリーンポイント）を活用することで、学部全体で生徒支援が行えるようになった。ポイントがほしくて頑張っていた生徒も、次第に自然な友だちとの関わりや自発的な行動に結びついてきた。

（杉田葉子、佐野友信）

実践事例 5

「人間関係」領域

高等部1年　ルールについて考えよう
〜ルールを守って素敵な高校生になろう〜

ルールやマナーには、意味があることがわかり、それを理解して高校生らしい振る舞いが身に付けられるようにしたいと思いました。また、ルールやマナーを守ることで、お互いが気持ちよく過ごすことができるようにしたいと考えました。

単元計画

- 「あったか言葉」「ちくちく言葉」…… 2時間
- 学級のきまりやルールを作る …… 2時間
- 学級レクリエーションの計画を立てる…… 3時間
- 「風船運びゲーム」をする…… 4時間　単元計画の実際→

単元目標と学習内容

1 学校生活には様々なルールがあることがわかり、その意味を理解する

- 給食配膳に白衣を着用する意味がわかり、衛生面でのルールを守る
  生活 I -(5)　清潔
- 休み時間の過ごし方がわかり、時間を守って行動する
  人間関係 Ⅲ-2-③④　規範を守る

2 ルールやマナーを理解して活動する

- 「風船運びゲーム」のルールや応援の言葉を考え、ゲームを楽しむ
  人間関係 Ⅵ-1-④　役割
- 学級文庫を作り、本の貸し出しルールをみんなで話しあって決める
  人間関係 Ⅴ-1-④　気持ちの伝達

3 社会や公共の場でのルールやマナーを知り、理解して行動する

- 学級レクリエーションの計画を立て、ルールやマナーを守って活動する
  人間関係 Ⅶ-4-④　公共施設の利用

日常生活指導／特別活動・生活単元学習・自立活動

単元計画の実際　「風船運びゲーム」をする

学習のねらい	学習活動
① 始めのあいさつ	・日直の号令に合わせてあいさつする。
② 学習の内容を知る	
③ 全員でゲームの準備をする ・配置表を見て、ゲームに必要な道具や道具の置き場所を知る。 ・平均台など一人で運べないものは、友だちと協力して運ぶ。 ・準備が整ったら、報告をする。	・配置表を見て、必要な道具や配置場所を確認し、準備する。 ・配置表は、道具や場所がわかりやすいように、色をつけたり、実物と同じ形で記したりする。
④ 全員でルールの確認をする ・教師のモデルを見て、ルールを確認する。 〈ルール〉 ・お互いのスピードを合わせて、風船を運ぶ。 ・風船が落ちたら、一人はその場で止まる。 ・交代の時は必ず二人ともタッチする。	

教師と生徒がペアになってゲームのルールを示範し、全員で確認する。

支援のポイント その1

ゲームのルール

二人で協力したり、ペアの友だちの動きを見ながらすすめたりできるゲームの内容にすると、友だちの名前を呼びあったり、「ちょっと待って」など自分の状況を伝えたり、力を合わせる時には「いくよ」などの言葉がかけられるようになる。また、友だちの言葉かけに応じて自分の動きを調整することもできるようになる。

重いタイヤをそれぞれのペアで工夫しながら協力して運んでいる。

「人間関係」領域

単元計画の実際 「風船運びゲーム」をする

学習のねらい	学習活動

⑤ ゲームをする

- 2チームに分かれて、それぞれペアを作る。
- ペアの一人はカゴに入れた風船を持ち、風船を落とさないようにコースをまわり、ゴールまで運ぶ。
- 自分のチームを応援する。

・二人でフラフープに入って走る。
・手をつないで平均台を渡る。
・10kgのタイヤを運ぶ。
・キャスターボードに乗った友だちを運ぶ。
・筒に風船を入れる。

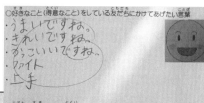

支援のポイント その2

応援の言葉を考える

「あったか言葉」「ちくちく言葉」の授業で、人が困っている時や、失敗した時にかける言葉について考える。自分の得意なことをしている時にかけてもらいたい言葉や、苦手なことをしている時にかけてあげたい言葉を考えさせる。
また、顔の表情絵カード（笑顔、泣き顔、怒り顔）を見て、思いつく言葉を考えたりする。ゲームの応援の時には、友だちが頑張っている姿を応援できるようにし、失敗した時にも優しい言葉をかけられるようにする。

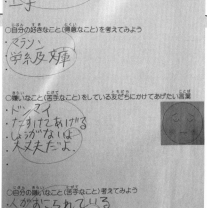

「あったか言葉」「ちくちく言葉」のワークシート。

⑥ ゲームの結果を知る

- 得点だけで勝敗が決まらない。
- 応援の仕方や、ゲームでの協力の様子も得点に入る。

・教師は、ゲーム中の様子や応援の仕方などのよかったところを発表する。
・発表されたチームには得点（ニコニコ賞）が加算され、勝敗が逆転することもある。
・友だちのよかったことを発表したり、自分が頑張ったことを発表したりする。

配置図

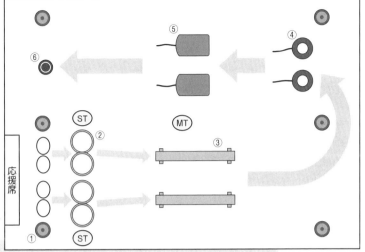

凡例
- (MT) メインティーチャー
- (ST) サブティーチャー
- ○ 児童・生徒

追加アイテム
① コーン
② フラフープ
③ 平均台
④ タイヤ
⑤ キャスターボード
⑥ 風船入れ

ゲームはペアになって行います。一人は風船をカゴに入れて、落とさないように気を付けます。まず、フラフープに入って走り、手をつないで平均台を渡ります。タイヤを協力して運んだら、キャスターボードに乗った友だちを引っ張ってゴール！ 二人で一緒にゴールするには、声をかけあったり、自分のことを伝えたりすることが必要になります。

まとめ

1. 授業づくりの工夫！

- 多様な生徒全員が主体的に参加できる活動内容を考え、活動する中でルールへの意識を高められるようにした。
- 二人で協力するには、どのようにすればよいかを考えられる活動をとりいれた。
- 友だちのよいところに気づくことができるようにする。

2. 子どもの学び！

- 学校生活と日常生活の中にも様々なルールがあることがわかり、ルールやマナーの必要性や意味を学習することができた。
- 友だちのよいところに気づき、認めあう関係ができてきた。
- 友だちとの会話が増え、友だち同士で協力しあう場面が多くなった。

3. 他の単元へのつながり！

- 学校生活の中で、ルールやマナーが守れていることを、教師が積極的に評価することで、生徒に自己肯定感がもてるようにした。評価の方法は、ルールやマナーが守れている時、望ましい行為をした時に「グリーンカード」を生徒に渡す。「グリーンカード」が一定の枚数になったら、「ゴールドヒューマン賞」をもらえるようにした。また、ルールやマナーが守れていない時や、注意すべき行為には「イエローカード」「レッドカード」を渡すことで、生徒が自分の行動や行為を振り返れるようになってきた。

（上田みどり、田盛信寿、正木隆）

生活科・生活単元学習

「生活」領域
生活を豊かにするための知識や習慣を身に付ける

領域のねらいと特徴

　生活領域は、「安定した生活を送る基盤をつくり、生活に必要な知識や技能を学び、関心を高め、生活の中で実行する力を育む」ことをねらいとしている。つまり、子どもの発達の状態や障害の特性をふまえながら、子どもの年齢に応じて生活を豊かにするために必要とされる様々な知識や技能、習慣やマナーを、実際の活動を通して身に付け、自らの考えを実行できるようにしていく。

　また、生活領域では、まだ「できない」から取組まないということに陥ることなく、できることは自分で、できないことは援助を受けながら、子どもが成長していく中で、その年齢で経験してほしい活動に取組んでいく。必要に応じて、技能や態度を育てるための援助を段階的に行いながら、子どもが「おもしろい！」「自分でやる！」という意欲を育てることを忘れないようにしたい。

項目の構成

　生活領域は、4つの大項目のもとに22の中項目で構成されている。4つの大項目は、「Ⅰ.身辺生活の自立」「Ⅱ.日常生活・家庭生活の自立」「Ⅲ.地域生活の自立」「Ⅳ.社会との関わり」に分けられ、ⅠからⅣへと生活の圏域の広がりに応じた項目構成となっている。

　また、生活領域は含まれる内容が多いため、中項目を設けている。中項目は、大項目のそれぞれの内容に合わせて、内容を整理して考えられるよう、それぞれいくつかの項目で構成している。小項目は中項目の内容をさらに細かく分けて指導できるように構成している。

　さらに生活領域では、関連する項目を子どもに意識させながら学習することも大切にしている。例えば、大項目Ⅰにある「食べる」ことと、大項目Ⅱにある「調理」は、実際の生活の中で深く関連しており、さらには「買い物」・「お金」の学習と

も関連している。食材を買い、調理して食べ、食べたら片づけることができるように配慮するなど、子どもの活動の経験が断片化してしまわないようにすることがとても大切である。

他領域との関係

　生活領域は、生活全般に関係しているためにあつかう内容が多く、他領域と密接に関わっている。主に、大項目「Ⅲ.地域生活の自立」は人間関係領域と認知領域、大項目「Ⅳ.社会との関わり」は情操領域や社会生活・進路領域と関連している。

授業づくりのここがポイント！

実際の生活の流れを意識して活動を設定しよう

　「安定した生活の基盤」をつくるためには、日常生活の流れがわかり、自分の生活の中で必要な技能を身に付け、自分で行うことができるようになることがその第一歩である。学習した知識や技能が、学校生活や家庭生活で実際に活用していけるようにするためには、学習場面が子どもの日常と切り離されないように、実際の生活の流れに沿うような活動の設定と環境の整備を心がける。

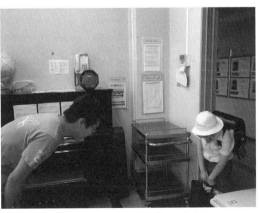

子どもの日常を意識した活動を設定する。

「生活」領域
生活を豊かにするための知識や習慣を身に付ける

　例えば「あいさつの仕方」を学習するためには、教室で「こんにちは」と言葉を覚えるだけでなく、日常生活における指導の中で教師や友だちにあいさつする機会を設けて促していく。家で家族に「おはよう」、学校や地域で知人に「こんにちは」と言うことができて初めて、あいさつとして意味をもつからである。

興味関心を育てるための"知る""やる"経験を大切にしよう

　子どもが興味関心を示し、「楽しい！　もっと知りたい！　もっとやりたい！」という好奇心をもって自ら行動するには、まずその対象や行為について知っている、経験していることがとても重要である。はじめは関心がなくてもまずやってみる、難しくても支えられながらチャレンジしてみるという活動を設定する。

　子どもは、最初に経験することはなんでも緊張し、うまく取組めないものであるが、流れがわかるように説明しやり方を丁寧に示しながら取組むことで、徐々に楽しめるようになり、知識を得て興味関心を育てていく。なにより教師自身がその活動を一緒に楽しんでいる姿を見せるのが効果的である。

最初は興味がなくても、まずはやってみる。流れがわかり、やり方がわかると、楽しんで活動に取組むようになる。

生活科・生活単元学習

社会や文化を知り、自ら参加していくための学習機会を設定しよう

　社会生活の中で、身に付けたことを実行していくために、自分たちが生活している社会や文化について触れ、学習する機会を大切にする。入学式、遠足、運動会や文化祭などの学校行事、季節の行事、校外学習、宿泊学習、植物や生き物を育てることなど、多岐にわたる。

　これらの学習に繰り返し取組むことによって経験を積み重ね、社会や文化に対する認識を深めていく。そのうえで、こうした活動を、実際の社会参加につながるよう意識することが重要である。

自分たちの社会や文化について知る。

学習内容表　「生活」領域

大項目	中項目	小項目	①	②
I.身辺生活の自立	(1)食べる	1.準備・片づけ		・援助（身体援助や言葉かけ）を受けて、箸箱、ナプキンの準備と片づけをする。 ・机を拭く。 ・援助（身体援助や言葉かけ）を受けて、残飯とビニールを分けて捨てる。
		2.食べ方	・すりつぶしたものを食べる。 ・口を閉じて食べる。 ・促されればよく噛んで食べる。 ・スプーン、フォーク、箸を使って食べる。 ・ストローで飲む。 ・両手でコップなどを持って飲む。 ・食後、口周りを拭いてもらう。	・促されればよく噛んで食べる。 ・スプーンを握って食べる。 ・フォークで刺して食べる。 ・箸を使って食べる。 ・ストローで飲む。 ・片手でコップを持って飲む。 ・援助（身体援助や言葉かけ）を受けて、茶碗や皿に手を添えたり、持ったりして食べる。 ・缶ジュースのプルトップやペットボトルのふたを開ける。 ・バナナやミカンの皮をむいて食べる。 ・援助（身体援助や言葉かけ）を受けて、牛乳キャップやゼリーのふたを開ける。 ・援助を受けて食後、口周りの汚れを拭く。
		3.マナー	・大人と一緒に席について待つ。 ・みんなと一緒に食事（給食）を食べる。 ・様々な食べ物を食べてみようとする、または少量食べる。	・「いただきます」まで待つ。 ・みんなと一緒に食前・食後のあいさつをする。 ・指摘を受けて、こぼさないで食べようとする。 ・こぼしたら援助（身体援助や言葉かけ）を受けて後始末をする。 ・促されて様々な食べ物を少量は食べる。 ・手づかみで食べない。 ・他人の物をとって食べない。 ・落としたスプーンが洗える。 ・指摘を受けて姿勢が直せる。 ・食事中、席を立たない。 ・指示されれば主食と副食を交互に食べる。 ・「ごちそうさま」までは教室で過ごす。 ・食べる量が適切である。
	(2)睡眠	1.準備・片づけ	・寝る前に大人と一緒にトイレに行く。 ・大人があいさつすれば、寝る時、起きた時にあいさつを返す。	・寝具の準備、片づけの手伝いをする。 ・寝る前に大人と一緒にトイレに行く。 ・援助を受けて、パジャマに着替える。 ・大人の言葉かけで、寝る時、起きた時にあいさつをする。
		2.自分で寝る	・親しい大人と一緒に寝る。	・大人や友だちと一緒に寝る。
		3.定時の寝起き	・大人と一緒に定時に寝起きする。	・定時に寝起きする。 ・長時間布団に入っている。 ・起こされたらすぐ起きる。

生活科・生活単元学習

原則として、①4～6歳（幼稚部） ②7～9歳（小学部低学年） ③10～12歳（小学部高学年）
④13～15歳（中学部） ⑤16～18歳（高等部）

③	④	⑤	本体・CD収録の単元例
・箸箱、ナプキンの準備と片づけをする（包む、結ぶ）。 ・机を拭く。 ・残飯やビニールを分けて捨てる。	・箸箱、ナプキンの準備と片づけをきちんとする。 ・机を拭く。 ・残飯やビニールなどをきちんと分けて捨てる。	・机を拭く。	
・よく噛んで食べる。 ・スプーンを握って食べる。 ・フォークで刺して食べる。 ・箸をだいたい正しく持って食べる。 ・茶碗や皿に手を添えたり、持ったりして食べる。 ・缶ジュースのプルトップやペットボトルのふたを開ける。 ・ゆで卵の殻をむく。 ・牛乳キャップやゼリーのふたを開ける。 ・援助を受けて、食事中に口周りの汚れを拭く。	・よく噛んで食べる。 ・箸を正しく使って食べる。 ・茶碗や皿に手を添えたり、持ったりして食べる。 ・缶ジュースのプルトップ、ペットボトルのふたや紙パックのストローの袋などを開ける。 ・ゆで卵の殻をむく。 ・ソース、ジャムの袋を開ける。 ・食事中に、口周りの汚れをおおまかに拭く。	・箸を正しく使って食べる。 ・茶碗や皿に手を添えたり、持ったりして食べる。 ・瓶の栓を抜く。 ・ゆで卵の殻をむく。 ・ソース、ジャムの袋を開ける。 ・アレルギーのある食品がわかり、自分で言える。 ・食事中に、口周りの汚れを拭く。	CD25.中学部（学部）
・ほとんどこぼさないで食べる。 ・こぼしたら後始末をする。 ・促されて様々な食べ物を食べる。 ・指摘を受けて姿勢を直す。 ・主食、副食などをある程度交互に食べる。 ・食べる量が適切である（食べ過ぎない）。 ・適切な時間で食べ終わる。	・こぼさないで食べる。 ・こぼしたら後始末をする。 ・様々な食べ物を食べる。 ・嫌いなものを言える（交渉する）。 ・姿勢に気を付けて食べる。 ・主食、副食を交互に食べる。 ・食べる量が適切である（食べ過ぎない）。 ・適切な時間で食べ終わる。	・こぼさないで食べる。 ・様々な食べ物を食べる。 ・マナーを守って食事をする。 ・姿勢よく食べる。 ・主食、副食を交互に食べる。 ・食べる量が適切である（食べ過ぎない）。 ・適切な時間で食べ終わる。	
・援助を受けて、寝具の準備、片づけをする。 ・指示されて、寝る前にトイレに行く。 ・自分でパジャマに着替えようとする。 ・自分から寝る時、起きた時にあいさつをする。	・寝具の準備、片づけをする。 ・寝る前に自分でトイレに行く。 ・自分でパジャマに着替える。 ・自分から寝る時、起きた時にあいさつをする。		
・慣れた環境で一人で寝る。	・一人で寝る。		
・定時に寝起きする。 ・長時間布団に入っている。 ・起こされたらすぐ起きる。	・一人で寝る。 ・長時間布団に入っている。 ・起こされたらすぐ起きる。	・目覚まし時計を使って必要な時間に起きる。	

「生活」領域

大項目	中項目	小項目	①	②
I.身辺生活の自立	(3)排泄	1.排泄の仕方	・定時に促されて大人と一緒にトイレに行く（習慣づけ）。 ・おしっこが出たことに気づく。 ・おしっこが出そうな時、大人に伝える。 ・トイレに座る。 ・パンツ、ズボン等を脱がせてもらって用を足す。 ・排便後、紙を切って使おうとする。 ・排便後、おしりを拭いてもらう。 ・排泄後、促されて水を流す。 ・排泄後、促されて手を洗い、手を拭く。 ・学校のトイレを使う。	・定時に促されてトイレに行き、小便をする。 ・定時に大人と一緒にトイレに行き、大便をする。 ・おもらしをした時、何らかの方法で伝える。 ・大小便がしたくなったら伝える。 ・夢中になって遊んでいても、したくなったらトイレに行く。 ・夜中でも大小便がしたくなったら伝える。 ・援助を受けて、立って排尿する(男)。 ・一人でズボン、パンツを下ろして用を足す。 ・用便後ズボン、パンツをあげる。 ・援助を受けて、ズボンのファスナーや脇から排尿する。 ・排便後、紙を切って使う。 ・排便後、おしりを拭いてもらう。 ・排泄後、水を流す。 ・排泄後、促されて手を洗い、手を拭く。 ・公衆トイレを使う。 ・トイレの男・女の区別がわかる。 ・トイレのドアを閉めて使う。 ・トイレの鍵を閉めて使う。 ・トイレ専用の履き物がある時は、履きかえる。
		2.マナー		・公衆トイレで順番を待つ。 ・トイレをノックして使う。 ・トイレを汚さないように使う。 ・人前でおしりを見せないよう排泄する。 ・休み時間にトイレに行く。
	(4)着衣	1.着脱の仕方	・衣服の着脱時に協力する。 ・援助を受けてシャツを脱ぐ。 ・援助を受けてパンツを脱ぐ。 ・ボタンをはずす。 ・ボタンを留める。 ・ホックをはずす。 ・ホックをかける。 ・ファスナーの開閉をする。 ・面ファスナーをはずす。 ・面ファスナーを付ける。 ・靴下を脱ぐ。 ・靴下を履く。 ・靴を脱ぐ。 ・かかとのひもやリングを持って靴を履く。 ・援助を受け、靴の左右を正しく履く。 ・レインコートを使う。 ・帽子をかぶる。	・衣服の着脱時に協力する。 ・衣服の着脱を一人でやろうとする。 ・着替える順番がわかる。 ・名札やマークを手がかりに衣服の前後、裏表を知り、だいたい正しく着る。 ・かぶりの服を脱ぐ。 ・パンツを脱ぐ。 ・ズボンを脱ぐ。 ・かぶりの服を着る。 ・指示されればシャツの裾をしまう。 ・大きめの前ボタンをはずす。 ・大きめの前ボタンを留める。 ・袖口のボタンを留める。 ・スナップを留める。 ・ホックをはずす。 ・ホックをかける。 ・ファスナーの開閉をする。 ・面ファスナーをはずす。 ・面ファスナーを付ける。 ・靴下を脱ぐ。 ・靴下を履く。 ・靴を脱ぐ。 ・マークを手がかりに左右を意識して靴を履く。 ・援助を受け、靴の左右を正しく履く。 ・傘をさす。 ・帽子をかぶる。

生活科・生活単元学習

③	④	⑤	本体・CD収録の単元例
・自分からトイレに行き、小便をする。 ・自分からトイレに行き、大便をする。 ・おもらしをした時、サインや言葉で伝える。 ・大小便がしたくなったら伝える。 ・夢中になって遊んでいても、したくなったらトイレに行く。 ・夜中でも大小便がしたくなったら伝える。 ・和式・洋式どちらも使える。 ・立って排尿する(男)。 ・パンツを下ろさないで用を足す(男)。 ・用便後、服装を整える。 ・紙を適当な長さに切って使う。 ・排便後、自分で始末をしようとする。 ・排泄後、水を流す。 ・排泄後、自分から手を洗い、手を拭く。 ・公衆トイレを使う。 ・トイレ専用の履き物がある時は、履きかえる。	・自分からトイレに行く。 ・失敗しないように気を付ける。 ・大小便がしたくなったら伝える。 ・夢中になって遊んでいても、したくなったらトイレに行く。 ・夜中でも大小便がしたくなったら伝える。 ・和式・洋式どちらも使える。 ・紙を適当な長さに切って使う。 ・排便後、自分で始末をする。 ・排泄後、水を流す。 ・排泄後、自分から手を洗い、手を拭く。 ・公衆トイレを使う。 ・トイレ専用の履き物がある時は、履きかえる。	・和式・洋式どちらも使える。 ・排泄後、自分から手を洗い、手を拭く。 ・公衆トイレをきれいに使う。 ・トイレ専用の履き物がある時は、履きかえる。	
・出かける時や活動の前にトイレに行く。	・出かける時や活動の前にトイレに行く。	・時と状況を考えてトイレに行く。	
・衣服の着脱を一人でやろうとし、できない時は援助を求める。 ・着替える順番がわかる。 ・名札やマークを手がかりに衣服の前後、裏表を知り、だいたい正しく着る。 ・着衣後に正しく着られたか確認する。 ・前開きの服を脱ぐ。 ・前開きの服を着る。 ・袖口のボタンを留める。 ・スナップを留める。 ・ファスナーの開閉をする。 ・靴下が正しく履ける。 ・立ったまま、靴を履く。 ・濡れないように傘をさす。 ・援助を受けて傘の開閉をする。	・できるところは自分で着替え、必要なところは援助を求める。 ・着替える順番がわかる。 ・衣服の形やタグを意識して、前後、裏表をまちがえずに着る。 ・着衣後に鏡で確認して袖や襟などを整える。 ・袖口のボタンを留める。 ・スナップを留める。 ・見えにくい場所のボタンを留める。 ・ファスナーの先の留め具を入れる。 ・靴下が正しく履ける。 ・靴の形を見て左右を正しく履く。 ・ひもをほどく。 ・ひもを結ぶ。 ・風向きに気を付けて傘をさす。 ・傘の開閉をする。 ・折りたたみ傘を開く。	・できるところは自分で着替え、必要なところは援助を求める。 ・衣服の形やタグを意識して、前後、裏表をまちがえずに着る。 ・着衣後に鏡で確認して袖や襟、リボンやネクタイなどを整える。 ・シャツの裾が出ないように、しまう。 ・様々なボタンの留めはずしをする。 ・見えにくい場所のボタンを留める。 ・風向きに気を付けて傘をさす。 ・折りたたみ傘をたたむ。	

人間関係 / 生活 / 認知 / 身体・運動 / 情操 / コミュニケーション / 社会生活・進路

「生活」領域

大項目	中項目	小項目	①	②
I.身辺生活の自立	(4)着衣	2.準備・片づけ		・援助を受けて、衣服をたたむ。 ・援助を受けて、ハンガーを使う。 ・援助を受けて、衣服を決まった場所（棚や引き出しや袋）に片づける。
	(5)清潔	1.入浴・洗顔	・大人と一緒に風呂に入る。 ・体を洗う時に協力する。 ・大人に髪を洗ってもらう。 ・大人にシャワーで石鹸やシャンプーを流してもらう。 ・大人と一緒に体を拭く。 ・大人に髪をとかしてもらう。 ・大人に顔を拭いてもらう。 ・大人に顔を洗ってもらう。	・指示されれば、入浴のきまりを守る。 ・大人と一緒に湯船にしばらくつかる。 ・援助を受けて、体の部分を洗う。 ・援助を受けて、髪を洗う。 ・大人にシャワーで石鹸やシャンプーを流してもらう。 ・援助を受けて、体を拭く。 ・大人に髪をとかしてもらう。 ・援助を受けて、顔を拭く。 ・援助を受けて、顔を洗う。
		2.手洗い・うがい	・ぶくぶくうがいをまねる。 ・がらがらうがいをまねる。 ・大人と一緒に手を洗う。 ・大人と一緒に手を拭く。	・ぶくぶくうがいをする。 ・がらがらうがいをまねる。 ・援助を受けて、外出後などにうがいをする。 ・援助を受けて、手を洗う。 ・援助を受けて、手を拭く。 ・援助を受けて、食事前や排泄後などに手を洗う。
		3.歯磨き	・大人に歯を磨いてもらう。	・援助を受けて、歯を磨く。
		4.鼻・爪・ひげ	・大人に鼻を拭いてもらう。 ・大人に爪を切ってもらう。	・援助を受けて、自分で鼻をかむ。 ・大人に爪を切ってもらう。
		5.ハンカチ・ティッシュ	・援助を受けてハンカチ、ティッシュを使う。	・促されてハンカチ、ティッシュを持つ。 ・援助を受けてハンカチ、ティッシュを使う。
		6.その他の清潔	・こぼしたものを、大人と一緒に拭く。	・こぼしたものを、援助を受けて拭く。 ・床に落としたものを食べない。 ・落とした箸やスプーンを、援助を受けて洗う。 ・給食の時、帽子をかぶる。 ・汗をかいたら、援助を受けて拭いたり着替えたりする。

生活科・生活単元学習

③	④	⑤	本体・CD収録の単元例
・衣服をたたむ。 ・ハンガーを使う。 ・衣服を決まった場所（棚や引き出しや袋）に片づける。	・衣服を丁寧にたたむ。 ・ハンガーを使う。 ・衣服を決まった場所（ロッカーなど）に片づける。	・衣服を丁寧にたたむ。 ・ハンガーを使う。 ・衣服を決まった場所（ロッカーなど）に片づける。	
・指示されれば、入浴のきまりを守る。 ・湯船にしばらくつかる。 ・体を洗おうとする。 ・髪を洗おうとする。 ・シャワーで石鹸やシャンプーを流そうとする。 ・体を拭こうとし、必要なところは援助を求める。 ・援助を受けて、髪をとかす。 ・顔を拭こうとする。 ・顔を洗おうとする。	・入浴のきまりを守る。 ・おおまかに体を洗う。 ・おおまかに髪を洗う。 ・シャワーで石鹸やシャンプーをおおまかに流す。 ・体をおおまかに拭く。 ・髪をとかす。 ・顔をおおまかに洗う。 ・顔をおおまかに拭く。	・自分で入浴し、必要なところは援助を求める。 ・体を洗い、必要なところは援助を求める。 ・髪を洗い、必要なところは援助を求める。 ・シャワーで石鹸やシャンプーを流す。 ・体を拭き、必要なところは援助を求める。 ・髪の手入れをする。 ・汚れに注意して顔を洗う。 ・顔を拭き、必要なところは援助を求める。	CD6.小学部（1・2年） CD24.高等部（3年）
・出かける時や活動の前にトイレに行く。 ・ぶくぶくうがいをする。 ・がらがらうがいをする。 ・援助を受けて、外出後などにうがいをする。 ・援助を受けて、手を洗う。 ・手をおおまかに拭く。 ・援助を受けて、食事前や排泄後などに手を洗う。	・がらがらうがいをする。 ・援助を受けて、外出後などにうがいをする。 ・手の汚れに注意して洗う。 ・手を拭く。 ・食事前や排泄後などに手を洗う。	・外出後などにうがいをする。 ・手の汚れに注意して、洗う。 ・手を拭く。 ・食事前や排泄後などに手を洗う。	CD28.中学部（学部）
・食後などに歯を磨こうとする。	・食後などに歯を磨く。	・食後などに歯を磨く。	
・促されて、自分で鼻をかむ。 ・大人に爪を切ってもらう。	・自分で気づいて鼻をかむ。 ・くしゃみ、せきが出る時は手で押さえる。 ・手伝ってもらって、爪を切る。	・自分で気づいて鼻をかむ。 ・くしゃみ、せきが出る時は手で押さえる。 ・自分で気づいて、爪を切る。 ・ひげそりを使ってひげをそる。必要な時には援助を求める。	
・促されてハンカチ、ティッシュを持つ。 ・ハンカチ、ティッシュを使う。	・自分で気を付けて、ハンカチ、ティッシュを持つ。 ・ハンカチ、ティッシュを使う。	・自分からハンカチやティッシュを用意する。 ・ハンカチ、ティッシュを使う。	CD26.高等部（学部）
・こぼしたものを、拭こうとする。 ・床に落としたものを食べない。 ・落とした箸やスプーンを洗おうとする。 ・調理や給食の時、マスクや帽子を使う。 ・汗をかいたら、援助を受けて拭いたり着替えたりする。 ・援助を受けて生理の手当、後始末をする。	・こぼしたものを、おおまかに拭く。 ・床に落としたものを食べない。 ・落とした箸やスプーンを洗う。 ・調理や給食の時、マスクや帽子を使う。 ・汗をかいたら、自分で拭いたり着替えたりする。 ・汗、鼻水、出血などに気づき洗ったり拭いたりし、必要に応じて援助を求める。 ・援助を受けて生理の手当、後始末をする。	・こぼしたものを拭き、必要な時には援助を求める。 ・調理や給食の時、マスクや帽子を使う。 ・汗をかいたら、自分で拭いたり着替えたりする。 ・汗、鼻水、出血などに気づき洗ったり拭いたりし、必要に応じて援助を求める。 ・自分で生理の手当、後始末ができ、必要に応じて援助を求める。	

「生活」領域

大項目	中項目	小項目	①	②	
Ⅱ.日常生活・家庭生活の自立	(1)調理	1. 調理の仕方	・親子で簡単な調理に親しむ。	・援助を受けて、簡単な調理をする。 ・大人と一緒に食材を洗う。 ・混ぜる、ちぎる、注ぐなどの調理をする。 ・大人と一緒に調理器具を使う。 ・援助を受けて、調理の身支度をする。	
		2. 配膳	・配膳の手伝いをする。 ・大人と一緒にコップに飲み物を注ぐ。	・配膳の手伝いをする。 ・援助を受けて、コップに飲み物を注ぐ。	
		3. 食器の準備・片づけ	・援助を受けて、食べ物の入った食器を運ぶ。 ・援助を受けて、食器や器具を片づける。	・食べ物の入った食器を運ぶ。 ・援助を受けて、食器や器具を所定の場所に片づける。	
		4. 調理の知識		・作って食べる楽しみを知る。	
	(2)整理・整頓・清掃	1. 整理・整頓	・大人と一緒に遊具などを片づける。 ・自分の持ち物の場所がわかる。 ・体育用具、机など、大きな用具を大人と一緒に運ぶ。	・援助を受けて、文具や遊具などを片づける。 ・自分の持ち物を決まったところに置く。 ・自分のもの、そうでないものがわかる。 ・体育用具、机など、大きな用具を大人と一緒に運ぶ。	

生活科・生活単元学習

③	④	⑤	本体・CD収録の単元例
・援助を受けて、簡単な調理をする。 ・援助を受けて、食材を計量する。 ・大人と一緒に食材を洗う。 ・援助を受けて、皮むき器を使う。 ・型抜き器を使って型を抜くなどの調理をする。 ・大人と一緒に食材を切る。 ・援助を受けて、調理器具を使う。 ・援助を受けて、電子レンジ、トースター、ホットプレートを使う。 ・援助を受けて、調理の身支度をする。 ・指示された食材の準備をする。	・援助を受けて、手順に従って簡単な調理をする。 ・援助を受けて、レシピを使う。 ・援助を受けて、食材を計量する。 ・援助を受けて、食材を洗う。 ・包丁や皮むき器を使い、材料の皮をむいたり、切ったりする。 ・援助を受けて、食材を適当な大きさに切る。 ・援助を受けて、調理器具を正しく安全に使う。 ・援助を受けて、ご飯を炊く。 ・援助を受けて、ポットややかんでお湯を沸かす。 ・電子レンジ、トースター、ホットプレートを使う。 ・援助を受けて、ガス台を使う。 ・煮る、焼く、炒める、ゆでるなど、火を使った調理をする。 ・援助を受けて、味つけをする。 ・調理の身支度をする。 ・食材の準備をする（購入を含む）。	・簡単な食事を自分で用意し、必要に応じて援助を求める。 ・手順に沿って簡単な調理をする。 ・レシピを使う。 ・食材を計量する。 ・食材を洗う。 ・包丁や皮むき器を使い、材料の皮をむいたり、切ったりする。 ・食材を適当な大きさに切る。 ・調理器具の基本的な使い方を身に付け、安全に使う。 ・ご飯を炊く。 ・ポットややかんでお湯を沸かす。 ・電子レンジ、トースター、ホットプレートを使う。 ・ガス台を使う。 ・煮る、焼く、炒める、ゆでるなど、火を使った調理をする。 ・味つけをする。 ・調理の身支度をする。 ・食材の準備をする（購入を含む）。	CD8.小学部（3・4年）
・配膳の手伝いをする。 ・コップに飲み物を注ぐ。 ・援助を受けて、ご飯やおかずをよそう。	・援助を受けて、配膳する。 ・コップに飲み物を注ぐ。 ・援助を受けて、ご飯やおかずをよそう。	・配膳する。 ・コップに飲み物を注ぐ。 ・ご飯やおかずをよそう。	
・食べ物の入った食器を運ぶ。 ・援助を受けて、食器や器具を所定の場所に片づける。 ・援助を受けて、食器や器具を洗い、拭く。	・指示された食器、器具などを準備する。 ・飲み物や食べ物の入った食器をお盆で運ぶ。 ・食器や器具を所定の場所に片づける。 ・援助を受けて、食器や器具を洗い、拭く。	・指示された食器、器具などを準備する。 ・飲み物や食べ物の入った食器をお盆で運ぶ。 ・食器や器具を所定の場所に片づける。 ・食器や器具を洗い、拭く。	
・作って食べる楽しみを知る。 ・身近な料理の名前と、その材料のいくつかがわかる。 ・身近な食材の名前がいくつかわかる。	・作って食べる楽しみを知る。 ・身近な料理の名前と、その材料のいくつかがわかる。 ・身近な食材の名前がだいたいわかる。 ・いろいろな調理法を知る。 ・調理器具の名前がわかる。 ・調理器具の使い方がわかる。	・作って食べる楽しみを知る。 ・身近な料理の名前と、材料がわかる。 ・身近な食材の名前がわかる。 ・煮る、焼く、炒める、ゆでるなどの調理法を知る。 ・調理器具の名前がわかる。 ・調理器具の使い方がわかる。 ・食品添加物がわかる。 ・賞味期限や消費期限がわかる。 ・栄養素がわかる。 ・栄養バランスに気を付けながら食事をとる。 ・栄養バランスのとれた献立を考える。	CD11.小学部（5・6年） CD29.高等部（1年）
・指示されれば文具や遊具などを片づける。 ・自分の持ち物を決まったところに置く。 ・体育用具、机など、大きな用具を大人と一緒に運ぶ。 ・指示に従って机を並べる。	・文具や遊具などを片づける。 ・自分の持ち物を決まったところに置く。 ・自分の持ち物を整理して置く。 ・教室の美化の手伝いをする（掲示、花の水替えなど）。 ・落とし物を、落とし主や教師に渡す。 ・体育用具、机など、大きな用具を協力して準備、片づけをする。 ・教室内の机をだいたい並べる。	・文具や道具などの準備、片づけをする。 ・自分の持ち物をきちんとかばんにしまう。 ・自分で使用したものは自分で片づける。 ・教室の本を正しく（背表紙を手前にして）しまう。 ・落とし物を、落とし主や教師に渡す。 ・教室内の机を並べる。	CD23.高等部（2年）

「生活」領域

大項目	中項目	小項目	①	②	
II.日常生活・家庭生活の自立	(2)整理・整頓・清掃	2. 清掃	・指示されて、ごみを拾ったり、ごみ箱に捨てたりする。 ・大人と一緒に台拭きを使用する。 ・大人と一緒に台拭きを絞って干す。	・指示されて、ごみを拾ったり、ごみ箱に捨てたりする。 ・大人と一緒に台拭きを使用する。 ・大人と一緒に台拭きを絞って干す。 ・大人と一緒にほうきを使用する。 ・大人と一緒にちりとりを使用する。 ・大人と一緒に掃除機を使う。 ・援助を受けて、ごみを分別して捨てる。	
	(3)洗濯	1. 衣服	・汚れたものをカゴに入れる。	・大人と一緒に、洗濯バサミを使って干す。 ・大人と一緒にとりこむ。 ・援助を受けて、ハンカチ、タオルをたたむ。	
		2. 靴			
		3. アイロン			
		4. その他の洗濯	・汚れたことに気づく。	・服の汚れに気づく。	
	(4)裁縫	1. 手縫い			
		2. 裁断			
		3. ミシン			
		4. 修繕			

生活科・生活単元学習

③	④	⑤	本体・CD収録の単元例
・ごみを拾ってごみ箱に捨てる。 ・援助を受けて、雑巾やモップで拭く。 ・援助を受けて、雑巾をすすぎ、絞る。 ・援助を受けて、ほうきでごみを集める。 ・援助を受けて、ちりとりでごみをとる。 ・援助を受けて、掃除機を使う。 ・ごみを分別して捨てる。	・指示された箇所を、雑巾やモップで拭く。 ・雑巾をすすぎ、絞る。 ・ほうきでごみをだいたい集める。 ・ちりとりでごみをとる。 ・掃除機を使う。 ・ごみを分別して捨てる。 ・掃除の手順がわかる。	・雑巾で上手に（机上のごみを落とさずに）拭く。 ・雑巾・台拭き・布巾を区別して使用する。 ・モップをすすぎ、絞る。 ・ほうきとちりとりを使う。 ・掃除機を使う。 ・窓拭きをする。 ・石鹸・トイレットペーパーを補充する。 ・汚れに気づき、自分からきれいにする。 ・掃除の手順がわかる（高い所から順にする。掃いてから拭く）。	CD19.中学部（学部） 本体6.小学部（1・2年）
・援助を受けて、小物を手洗いする。 ・援助を受けて、洗濯バサミを使って干す。 ・援助を受けて、とりこむ。 ・援助を受けて、洗濯物をたたむ。	・小物を手洗いする。 ・洗濯機を使う。 ・ハンガーや洗濯バサミを使って干す。 ・両手を使ってていねいにとりこむ。 ・洗濯物をたたむ。	・小物を手洗いする。 ・洗剤を適量使用して、洗濯機を使う。 ・ハンガーや洗濯バサミを使い、形を整えて干す。 ・天気によって干す場所を変える。 ・両手を使って丁寧にとりこむ。 ・洗濯物をたたんで、きれいにしまう。 ・洗濯の一連の手順を一人でする。	CD30.高等部（1年）
	・靴（上履き、長靴）を洗う。	・靴を洗って干す。	
	・援助を受けて、簡単な衣類のアイロンかけをする。	・簡単な衣類のアイロンかけをする。	CD27.中学部（学部）
・服の汚れに気づく。	・外出先で服を汚した時、汚れに気づき、伝える。	・外出先で服を汚した時、適切に対処する（拭きとる、着替える）。 ・クリーニング店を利用する。	
	・援助を受けて、糸通し、玉結び、玉止めをする。 ・簡単な手縫い（並縫い）をする。	・糸通し、玉結び、玉止めをする。 ・簡単な手縫い（並縫い）をする。 ・かがり縫いをする。	
	・型紙に合わせて小物の布を切る。	・型紙に合わせて小物の布を切る。	
	・ミシンで直線縫いをする。 ・援助を受けて、ミシンの上糸、下糸かけをする。	・ミシンで直線縫いをする。 ・援助を受けて、ミシンの上糸、下糸かけをする。 ・ミシンを安全に使う。	CD31.高等部（3年）
	・ボタンがとれたことに気づく。	・衣服の破れ、ほつれに気づく。 ・ボタンつけをする。 ・ゴム通しをする。	

「生活」領域

大項目	中項目	小項目	①	②	
Ⅱ.日常生活・家庭生活の自立	(5)衣服の選択	1. 場面に応じた選択	・自分の着たいものを選ぶ。	・入浴後は清潔な衣類を着る。 ・パジャマを着て寝る。	
		2. 衣類の調節		・指示されれば、衣服の調節をする。	
	(6)手伝い	1. 役割	・大人と一緒に簡単な手伝いをする。 ・大人と一緒に机を運ぶ。 ・大人と一緒に遊具などを片づける。 ・大人と一緒に布巾で机を拭く。 ・大人と一緒に配膳や片づけをする。	・大人と一緒に簡単な手伝いをする。 ・教師などの依頼で届け物をする。 ・大人と一緒に簡単な係活動をする。 ・大人と一緒に机を運ぶ。 ・遊具などの片づけを手伝う。 ・机拭きの手伝いをする。 ・配膳や片づけの手伝いをする。	
		2. 態度・責任感		・手伝いをして感謝される喜びを知る。	
	(7)電話	1. 電話の使い方	・電話がわかる。	・電話が鳴ったら受話器をとる。 ・相手の声（言葉）を聞く。	
		2. マナー			
	(8)買い物	1. お店での買い物	・大人と一緒に買い物をする。 ・買ってほしいことを伝える。	・大人と一緒に買い物をする。 ・物を買うにはお金がいることがわかる。 ・買ってほしいことを伝える。	

生活科・生活単元学習

③	④	⑤	本体・CD収録の単元例
・時と場に応じた服装があることを知る。	・時と場に応じた服装をする。	・自分で服が選べる。 ・時と場に応じた服装をする。 ・制服をきちんと着る。	
・暑さ、寒さに応じて衣服の調節をする。 ・衣服の汚れやほころびに気づいて着替える。	・暑さ、寒さに応じて衣服の調節をする。 ・天気予報を見て、雨具の用意をする。 ・衣服の汚れやほころびに気づいて着替える。	・寒暖、天候に合わせて衣服を調節する。 ・天気予報を見て、傘や雨具を使い分ける。 ・衣服の汚れやほころびに気づいて着替える。	
・簡単な手伝いをする。 ・教師などの依頼で届け物をする。 ・大人と一緒に簡単な係活動をする。	・簡単な手伝いをする。 ・教師などの依頼で届け物をする。 ・学級の係活動をする。	・家の手伝いをする（掃除、洗濯、食器洗い、テーブル拭きなど）。 ・教師などの依頼で届け物をする。 ・学級の係活動をする。	CD9.小学部（3・4年）
※③段階以降は、人間関係領域Ⅵ-1　役割へと移行する。			
	・一人で留守番をする。	・一人で留守番をする。	
・手伝いをして感謝される喜びを知る。	・学級の係活動をする。 ・引き受けた手伝いは、最後までする。 ・自主的に手伝いをする。	・学級の係活動を責任をもって最後までする。 ・引き受けた手伝いは、最後までする。 ・自主的に手伝いをする。	
・電話が鳴ったら受話器をとる。 ・相手の声（言葉）を聞く。	・必要に応じて電話をかける（自宅や家族など）。 ・携帯電話で身近な人に電話する。 ・自分の電話番号がわかり、言う。 ・家族に登下校の報告を携帯電話でする。 ・相手の声（言葉）を聞く。 ・電話や来訪を身近な人に知らせる。	・自分から電話をかけ、用件を伝える。 ・携帯電話の操作の仕方がわかる。 ・自分の電話番号がわかり、言う。 ・家族に登下校の報告を携帯電話でする。 ・電車事故などの時に、自分から連絡する。 ・電話で相手が言っていることがわかる。 ・電話や来訪があった時に、取次や簡単な対応をする（伝言、メモなど）。	
	・適切な言葉づかいで対応する。	・適切な言葉づかいで対応する。 ・マナーを守って携帯電話を使う。	
・大人と一緒に買い物をする。 ・物を買うにはお金がいることがわかる。 ・大人と一緒にレジに並ぶ。 ・スーパーやコンビニでの買い物の仕方や流れを知る。 ・好きな物、ほしい物を選ぶ。	・頼まれた物を探して買う。 ・財布から言われた金額を出す。 ・レジでお金を払う、お釣りをもらう。 ・スーパーやコンビニでの買い物の仕方や流れを知る。 ・わからなかったらお店の人に聞く。 ・好きな物、ほしい物を選ぶ。	・必要な物を探して購入する。 ・多めに支払い、お釣りをもらう。 ・スーパーでレジの場所がわかり、支払いをする。 ・ちょうどの支払いをする。 ・身近な物のおおよその値段がわかる。 ・所持金で買える、買えないの判断をする。 ・スーパーやコンビニで買い物をする。 ・わからなかったらお店の人に聞く。 ・好きな物、ほしい物を選ぶ。	

「生活」領域

大項目	中項目	小項目	①	②
Ⅱ.日常生活・家庭生活の自立	(8)買い物	2. 自動販売機での買い物	・自動販売機で好きな物を選び、ボタンを押す。	・お金を入れる。 ・自動販売機で好きな物を選び、ボタンを押す。
	(9)時計	1. 時計の活用	・時計があることがわかる。	
		2. 時間の意識		・時間を知らせる様々な援助方法（声かけ、決まった音楽など）に従って行動する。 ・促されれば時間を気にかけて食べたり、朝・帰りの支度をしたりする。
	(10)お金	1. お金の知識	・お金があることを知る。 ・お金がおもちゃでないことを知る。 ・お金を払うことを知る。	・お金の大切さがわかる。
		2. お金の活用		・お金のやりとりをする。
	(11)健康管理	1. 生活リズムと精神衛生	・生活のリズムをつける。	・生活のリズムをつける。 ・1日3回、ほぼ決まった時間に食べる。
		2. 体の仕組みと働き		・体の部位の名前がわかる。
		3. 予防	※生活領域Ⅰ-(5)清潔の内容を随時行う。 ・健康診断を受ける。	・健康診断を受ける。 ・大人と一緒に検温する。 ・傷んだものは食べない。 ・床に落ちたものは食べない。 ・声をかけられて、姿勢に気を付ける。 ・声をかけられて、テレビを離れて見ようとする。 ・指示されれば、外出時は帽子をかぶる。

生活科・生活単元学習

	③	④	⑤	本体・CD収録の単元例
	・お金を入れる。 ・自動販売機で好きな物を選び、ボタンを押す。	・自動販売機を使う。 ・券売機で切符を買う。	・自動販売機を使う。 ・券売機で切符を買う。	
		・時計の読み方がわかる。 ・タイマーの合図で時間の区切りを知る。 ・タイマーを使う。 ・日課の時間（時計）を見て行動する。	・時計の読み方がわかる。 ・タイマーの合図で時間の区切りを知る。 ・タイマーを使う。 ・時計を見て5分前に行動をする。	
	・時間を知らせる様々な援助方法（声かけ、決まった音楽など）に従って行動する。 ・促されれば時間を気にかけて食べたり、朝・帰りの支度をしたりする。	・時間の合図（チャイム）に従って行動する。 ・時間を気にかけて食べたり、朝・帰りの支度をしたりする。	・授業の開始時間までに教室に戻ってきて、学習の準備をする。 ・時間や納期を意識して作業を進める。	
	・お金の大切さがわかる。	・硬貨、紙幣の種類がわかる。 ・お金の大切さがわかる。 ・働くとお金がもらえることがわかる。	・硬貨、紙幣の種類がわかる。 ・お金の価値がわかり、管理をする。 ・働くとお金がもらえることがわかる。 ・生活を送る上で必要な経費について知る（食費、電気代、水道代など）。	
	・お金のやりとりをする。	・販売活動を通して、商品と金銭のやりとりをする（商品と金銭の関係について知る）。 ・貯金をする意味を知る。 ・ATMを使う。 ・小遣いを有効に使う。	・販売活動を通して、商品と金銭のやりとりをする（商品と金銭の関係について知る）。 ・貯金をする意味を知る。 ・ATMを使う。 ・小遣いを有効に使う。	CD22.高等部（学部）
	・生活のリズムをつける。	・生活のリズムをつける。 ・健康に生活するためには、食事、睡眠、休養、余暇活動（リラックス、気分転換）が必要であることを知る。 ・食事をきちんと食べる。 ・食べ過ぎない。	・生活リズムを整えることの大切さがわかり、整える。 ・健康に生活するためには、食事、睡眠、休養、余暇活動（リラックス、気分転換）が必要であることを知る。 ・酒、たばこについて知る。 ・丈夫な体を作るためにバランスよく食べなくてはいけないことを知り、実践しようとする。 ・体の調子（疲れている、熱がある、風邪気味など）を判断し、休む。	
	・体の部位の名前がわかる。 ・援助を受けて、生理の手当、後始末をする。	・体の部位の名前や働きがわかる。 ・援助を受けて、生理の手当、後始末をする。	・体の部位の名前や働きがわかる。 ・男性と女性の体の違い、発育の様子について知る。 ・自分で生理の手当、後始末をし、必要に応じて援助を求める。 ・生理の予定日がわかり、準備する。	
	・健康診断を受ける。 ・静かに検温する。 ・食べ物や食器の汚れに気を付け、汚れたものは食べない。 ・声をかけられて、よい姿勢をとる。 ・テレビを見る時は、離れて見る。 ・夏、外出する時は、帽子をかぶる。	・健康診断の結果に関心をもつ。 ・静かに検温をする。 ・声をかけられて、よい姿勢をとる。 ・テレビを見る時は、離れて見る。 ・夏、外出する時は、帽子をかぶる。	・健康診断の結果に関心をもつ。 ・よい姿勢をとる。 ・テレビを見る時は、離れて見る。	

「生活」領域

大項目	中項目	小項目	①	②
Ⅱ.日常生活・家庭生活の自立	(11)健康管理	4. 対処	・手伝ってもらって薬を飲む。 ・けがをした時や、おなかが痛い時は保護者や教師に訴える。 ・体の調子が悪い時に、嫌がらずに手当てを受ける。	・手伝ってもらって薬を飲む。 ・汗をかいたら、援助を受けて拭いたり、着替えたりする。 ・けがや体調の変化を伝える。 ・体の調子が悪い時に、嫌がらずに手当てを受ける。
	(12)安全	1.危険物・危険個所の理解と対処	・ハサミの安全な持ち方、使い方を知る(刃物の危険性)。 ・危険な場所がわかる。 ・車が危険なものだと知る。 ・大人と一緒に手をつないで歩く。 ・「危ないよ」の声かけで、車・自転車をよける。	・ハサミを持って立ち歩かない。 ・使い終わったらハサミを閉じる。 ・トースター・ホットプレート・お湯など、熱いものを気を付けてあつかう。 ・危険な場所に近づかない。 ・鉛筆や歯ブラシを持って立ち歩かない。 ・大人や友だちと一緒に手をつないで歩き、信号や横断歩道などのきまりを知る。 ・「危ない」と注意されたらやめる。
		2.防犯の理解と対処	・一人でどこかに行かない。	・一人で遠くに行かない。 ・開けた戸を閉める。
		3.避難	・大人と一緒に行動する。 ・大人の指示に従う。 ・押したり突き飛ばしたりしない。	・大人と一緒に行動する。 ・大人の指示に従う。 ・物を投げたり、友だちを突き飛ばしたりしない。

生活科・生活単元学習

	③	④	⑤	本体・CD収録の単元例
	・手伝ってもらって薬を飲む。 ・嫌がらずにマスクをする。 ・汗をかいたら、援助を受けて拭いたり、着替えたりする。 ・けがや体調の変化を伝える。 ・体の調子が悪い時に、嫌がらずに手当てを受ける。	・指示された薬を飲む。 ・必要に応じてマスクをする。 ・汗をかいたら、自分で拭いたり着替えたりする。 ・腹痛、歯痛など体の調子の悪い時やけがをした時、その状態を知らせる。 ・体の調子が悪い時に、手当てを受ける。	・病気やけがをした時に、必要な薬を飲む。 ・常備薬の種類や効能がわかる。 ・必要に応じてマスクをする。 ・汗をかいたら、自分で拭いたり着替えたりする。 ・腹痛、歯痛など体の調子の悪い時やけがをした時、その状態を知らせる。 ・体の調子が悪い時に、手当てを受ける。	
	・ハサミを持って立ち歩かない。 ・使い終わったらハサミを閉じる。 ・トースター・ホットプレート・お湯など、熱いものを気を付けてあつかう。 ・危険な場所に近づかない。 ・鉛筆や歯ブラシを持って立ち歩かない。 ・大人や友たちと一緒に手をつないで歩き、信号や横断歩道などのきまりを知る。 ・「危ない」と注意されたらやめる。	・機械や道具の安全な使い方、危険個所を知る。 ※人間関係領域Ⅶ-7参照 ・信号や横断歩道などを、自分で安全を確認しながら登下校する。 ・「危ない」と注意されたらやめる。	・機械や道具の安全な使い方、危険箇所を知る。 ・危険の存在（ガラスの破片など危ないもの）を知らせる。 ・指示に従って処理する。 ※人間関係領域Ⅶ-7参照 ・信号や横断歩道などを、自分で安全を確認しながら登下校する。	
	・一人で遠くに行かない。 ・開けた戸を閉める。	・外に行く時は行き先を告げる。 ・寄り道をしたり、知らない人と話をしたり、ついていったりしてはいけないことを知る。 ・防犯ブザーの使い方がわかり、使う。 ・「いかのおすし」の防犯標語※がわかり、気を付けようとする。 ・教室の窓のかぎを閉める。	・外に行く時は行き先を告げる。 ・寄り道をしたり、知らない人と話をしたり、ついていったりしてはいけないことを知る。 ・防犯ブザーの使い方がわかり、使う。 ・「いかのおすし」の防犯標語※がわかり、気を付けようとする。 ・不審者やキャッチセールスへの対応（断り方、逃げ方）を知る。 ・家の安全管理(窓、カギ、戸締まり)をする。	
	・大人と一緒に行動する。 ・大人の指示に従う。 ・物を投げたり、友だちを突き飛ばしたりしない。	・大人と一緒に行動する。 ・指示に従って避難する。 ・「おかしも（おさない・かけない・しゃべらない・もどらない）」の標語がわかり、気を付けようとする。 ・人に対する危険な行為をしない。	・大人と一緒に行動する。 ・指示に従って避難する。 ・「おかしも（おさない・かけない・しゃべらない・もどらない）」の標語がわかり、気を付けようとする。 ・人に対する危険な行為をしない。	CD20.中学部（学部） CD21.高等部（学部）

※「いかのおすし」の防犯標語…いか→知らない人についていかない、の→他人の車に乗らない、お→大声を出す、す→すぐ逃げる、し→何かあったらすぐ知らせる

人間関係　生活　認知　身体・運動　情操　コミュニケーション　社会生活・進路

「生活」領域

大項目	中項目	小項目	①	②	
Ⅲ.地域生活の自立	(1)移動・交通機関の利用	1.道の歩き方	・大人と手をつないで歩く。 ・大人と一緒に信号待ちをする。	・歩道や道路の端を選んで歩く。 ・信号の色の違いがわかる。	
		2.交通機関の使い方やマナー	・大人と一緒に交通機関を利用する。	・交通機関を利用して通学する。 ・乗車券や定期券を使う経験をする。 ・指示に従って静かに待つ。 ・指示に従って、順番を守って乗り降りする。	
	(2)地域資源の利用	1.公園	・大人と一緒に公園で遊ぶ。	・大人と一緒に公園で遊ぶ。 ・公園の利用をする。 ・公園で安全に遊ぶ。	
		2.児童館		・大人と一緒に児童館を利用する。	
		3.博物館・水族館・動物園・美術館	・大人と一緒に博物館などの施設を利用する経験をする。	・大人と一緒に博物館などの施設を利用し、その楽しみを知る。	
		4.図書館		・大人と一緒に図書館を利用し、その楽しみを知る。	
		5.レストランの利用	・大人と一緒にレストランを利用する。	・大人と一緒にレストランを利用する（メニューの選択、マナーを知る）。	
		6.ポスト・郵便局		・郵便物をポストに入れる。	
		7.プールなどのスポーツ施設	・大人と一緒にプールを利用する。	・大人と一緒にプールを利用し、その楽しみを知る。	
		8.登山、スキーなど			
		9.その他、商業・娯楽施設			
Ⅳ.社会との関わり	(1)自然への関心	1.動植物	・アリ、チョウ、カタツムリなどを探したり見たりして遊ぶ。 ・大人と一緒に草花を見たり、水をやったりする。	・身近な動物、虫（アリ、チョウ）などに関心をもつ。 ・身近な草花や野菜に関心をもつ。	

生活科・生活単元学習

③	④	⑤	本体・CD収録の単元例
・右側通行がわかる。 ・信号の色の意味がわかる。	・右側通行ができる。 ・信号に従って横断歩道を渡る。 ・「止まれ」などの道路標識がわかる。		CD16.中学部（1年）
・「バス」「電車」「船」「飛行機」など、乗り物の名前がわかる。 ・大人と一緒に乗車券や定期券を買う。 ・指示に従って静かに待つ。 ・指示に従って、順番を守って乗り降りする。	・使い慣れた鉄道、バス路線名などを知る。 ・指示された乗車券を買い、なくさずに持っている。 ・簡単な地図を使う経験をする。 ・交通機関の中で大声で話さない。携帯電話を使わない。 ・車内での座り方や荷物のあつかい方がわかる。 ・優先席の意味を理解し、対応する。 ・順番を守って乗り降りする。	・交通機関を一人で利用する。 ・現場実習の通勤経路を調べる。 ・行き先に応じて乗車券や定期券を使う。 ・簡単な地図を使う経験をする。	CD17.中学部（2年）
・大人と一緒に公園で遊ぶ。 ・公園の利用をする。 ・公園で安全に遊ぶ。	・公園など、公共の場所にはきまりのあることを知り、守ろうとする。		
・大人と一緒に児童館を利用する。	・一人で、または友だちと一緒に児童館を利用する。		
・大人と一緒に博物館などの施設を利用し、その楽しみを知る。	・博物館などの利用の仕方（チケット購入やマナーなど）を知る。	・博物館などの利用の仕方（チケット購入やマナーなど）を知る。	CD7.小学部（1・2年）
・大人と一緒に図書館を利用し、その楽しみを知る。	・図書館の利用の仕方（図書館カード、返却期限など）を知る。	・図書館の利用の仕方（図書館カード、返却期限など）を知る。	
・大人と一緒にレストランを利用する（メニューの選択、マナーを知る）。	・レストランの利用の仕方を知る（メニューの選択、マナーを守る、支払いをする）。	・レストランの利用の仕方を知る（メニューの選択、マナーを守る、支払いをする）。	
・郵便物をポストに入れる。	・郵便局の利用の仕方を知る（郵便物の投函、貯金）。	・郵便局の利用の仕方を知る（郵便物の投函、貯金、ATMの利用）。	CD14.中学部（学部）
・大人と一緒にプールを利用し、その楽しみを知る。	・陸上競技場、野球運動場を利用する。	・陸上競技場、野球運動場を利用する。	
	・登山やスキーの経験を積み、楽しみを知る。	・登山やスキーの経験を積み、楽しみを知る。	
	・カラオケ、ボウリングを楽しむ。	・カラオケボックス、ボウリング場を利用する経験を積む。 ・レンタルショップを利用する。	CD18.中学部（学部）
・身近な生き物に餌をあげたり、かわいがったりする。 ・身近な生き物の名前を知る。 ・草花や野菜を育てる。 ・身近な草花や野菜の名前を知る。	・様々な生き物に関心をもつ。 ・生き物の種類や名前を知る。 ・草花や野菜を育て、観察する。 ・成長の過程がわかる。	・様々な生き物に関心をもち、調べる。 ・草花や野菜を育て、観察する。 ・成長の過程がわかる。 ・野菜（果物）を収穫する喜びを味わう。	CD10.小学部（5・6年） 本体7.小学部（5・6年） 本体8.中学部（2年）

「生活」領域

大項目	中項目	小項目	①	②
Ⅳ.社会との関わり	(1)自然への関心	2.気象	・天気に関心をもち、晴れ・雨がわかる。	・天気に関心をもち、晴れ・雨がわかる。 ・暑い・寒いがわかる。 ・冬は寒く、夏は暑いことがわかる。
		3.資源および環境への配慮	・ゴミをゴミ箱に捨てる。	・燃えるゴミと燃えないゴミを分けて捨てる。
	(2)社会情勢への関心	1.情報を得る	・「これなあに」と関心をもつ。	・知りたいことを身近な大人に聞く。 ・本や図鑑を見て内容に関心をもち、楽しむ。 ・家族や身近な人の名前がわかる。 ・近所の店の名前がわかる。
		2.社会の仕組みを知る		・住んでいる地域名がわかる。 ・校外学習や合宿の行き先がわかる。 ・学級でのルールやきまりを知り、守る。
	(3)文化・芸術への関心	1.年中行事	・季節の行事（正月・節分・ひな祭り・端午の節句・七夕・クリスマスなど）を行ったり、それにまつわる制作を行ったりする。 ・儀式的行事（新入生歓迎会、お別れ会など）に参加する。	・季節の行事（正月・節分・ひな祭り・端午の節句・七夕・クリスマスなど）を行ったり、それにまつわる制作を行ったりする。 ・儀式的行事（新入生歓迎会、お別れ会など）に参加する。
		2.芸術の鑑賞	・歌遊びを楽しむ。 ・人形劇、劇、コンサートなどを鑑賞する。 ・造形作品を見あう。 ・簡単な劇、表現に参加する。	・歌遊びを楽しむ。 ・人形劇、劇、コンサートなどを鑑賞する。 ・好みのCDを聴いたり、ビデオを観たりする。 ・造形作品を見あう。 ・絵画や写真などを見る。 ・公園・庭園などを散歩する。 ・簡単な劇、表現に参加する。
		3.多様な民族・文化への関心		

生活科・生活単元学習

③	④	⑤	本体・CD収録の単元例
・晴れ・雨・曇りがわかる。 ・暑い・寒いがわかる。 ・冬は寒く、夏は暑いことがわかる。	・様々な天気の名称と様子がわかる。 ・暑い・寒いがわかる。 ・季節の種類（四季）と様子がわかる。	・様々な天気の名称と様子がわかる。 ・温度計を見て気温がわかる。 ・季節の種類（四季）と様子がわかる。 ・地域による気候の違いを調べる。	
・燃えるゴミと燃えないゴミを分けて捨てる。		・ゴミを出さない工夫をする。 ・省エネに取組む（電気をこまめに消す、エアコンの温度設定など）。	
・知りたいことを身近な大人に聞く。 ・本や図鑑を見て内容に関心をもち、楽しむ。 ・家族や身近な人の名前がわかる。 ・近所の店の名前がわかる。	・ニュースを見たり聞いたりする。 ・テレビ、映画などで流行に関心をもつ。 ・インターネットを利用する。 ・友だちや教師の名前がわかる。 ・警察署、消防署などの名前と役割がわかる。	・様々なメディアでニュースを見る。 ・新聞・雑誌などから自分の関心のあるものを選んで見る。 ・インターネットを利用する。 ・校内新聞の取材をし、記事を書く。 ・実習先の人の名前がわかる。 ・様々な公的機関の名前と役割に関心をもつ。	
・住んでいる地域名がわかる。 ・校外学習や合宿の行き先がわかる。 ・学級でのルールやきまりを知り、守る。	・住んでいる地域名がわかる（通学経路・方法）。 ・校外学習や合宿の行き先について関心をもち、調べる。 ・2〜3の国名が言える。 ・社会にはきまりがあることを知る。 ・学級の係を決める。	・住所を言ったり、書いたりする。 ・旅行先での名所、旧跡に関心をもち、調べる。 ・2〜3の国名が言える。 ・「法律」があること、守らなければいけないことを知る。 ・生徒会の選挙をする。 ・権利と義務があることを知る。	
・季節の行事（正月・節分・ひな祭り・端午の節句・七夕・クリスマスなど）を行ったり、それにまつわる制作を行ったりする。 ・儀式的行事（新入生歓迎会、お別れ会など）に参加する。	・季節の行事（正月、ひな祭り、端午の節句、七夕、クリスマスなど）の意味を知る。 ・儀式的行事（新入生歓迎会、お別れ会など）に参加する。	・季節の行事（正月、ひな祭り、端午の節句、七夕、クリスマスなど）の意味を知る。 ・儀式的行事（新入生歓迎会、お別れ会など）に参加する。	CD4.5.幼稚部（学部） CD12.13.小学部 　　　（5・6年）
・歌遊びを楽しむ。 ・人形劇、劇、コンサートなどを鑑賞する。 ・好みのCDを聴いたり、ビデオを観たりする。 ・造形作品を見あう。 ・絵画や写真などを見る。 ・公園・庭園などを散歩する。 ・簡単な劇、表現に参加する。	・人形劇、劇、コンサートなどを鑑賞する。 ・好みのCDを聴いたり、ビデオを観たりする。 ・美術館を利用する。	・人形劇、劇、コンサートなどを鑑賞する。 ・好みのCDを聴いたり、ビデオを観たりする。 ・美術館を利用する。	CD1.2.3.幼稚部（学部）
	・修学旅行先の方言や食文化について知る。	・修学旅行先の方言や食文化、自然地理について知る。 ・外国の言語や文化について関心をもつ。	CD15.中学部（3年）

実践事例 6　「生活」領域

小学部 1・2年

めざせ！おそうじレンジャーたい
〜目標に向かってみんなで力を合わせよう！〜

レンジャーになりきって掃除をすることを通して、友だちや教師と力を合わせることを具体的に経験することが大切と考えました。また家庭でのお手伝いを含めて、行ったことやできたことをほめられたり、感謝されたりする経験の積み重ねが、自己肯定感の獲得にもつながることを願い、本単元を設定しました。

単元計画

- おそうじレンジャーに変身！…… 7時間
- おそうじレンジャー出動！…… 17時間　単元計画の実際→

単元目標と学習内容

1 教師や友だちと活動を経験し、達成感や楽しさを共有する

- 大人や友だちと協同して活動に取組む。
  　　　　　　　　　　　　　　　　　　人間関係 Ⅵ-1-②　役割
- できる、わかることを積み重ね、自信をもつ。
  　　　　　　　　　　　　　人間関係 Ⅴ-2-②　目標にポジティブに向かう姿勢

2 掃いたり、拭いたり、運んだりする基本的な掃除の方法を知る

- 援助を受けて、雑巾やモップで拭く。
  　　　　　　　　　　　　　　　　　　生活 Ⅱ-(2)-2-③　清掃

3 活動の流れを知り、活動に参加する

- 短い系列の遊び（やりとり遊び、簡単なゲーム等）に参加する。
  　　　　　　　　　　　　　　人間関係 Ⅳ-1-②　活動の流れの理解

4 バランスを保持、動作を静止、中間位を保持するなどの清掃に必要な動作を経験する

- 様々な姿勢を保持する。動作を止める（静止する）。
  　　　　　　　　　　　　　　身体・運動 Ⅰ-(4)-1-②　姿勢の保持

「生活」領域

単元計画の実際 おそうじレンジャー出動！

学習のねらい	学習活動
	③ プレイルームの片づけ ・本、おもちゃ、ペットボトル、缶、瓶、ごみくず、ブロックをきれいに片づける。 ・掃除が終わったら、レンジャーポーズをする。

支援のポイント その3

③プレイルームの片づけ

大きなものや重たいものを一人で運ぼうとしている場合は、声をかけて一緒に運んだり、名前を呼びかけるように促す。
（「♪おそうじレンジャーたいの歌」の歌詞を口ずさむ。「重たいものは　二人で運ぼうよ　友だちを呼んで　協力しよう～♪」）

④ 学習したことを確認する

・もらったメダルを組み合わせて、レンジャーエンブレムを完成させる活動を通して、授業で行った活動を振り返り、力を合わせることを再度確認する。

レンジャーエンブレム
・一人ずつごほうびにメダルをもらい、友だちにメダルを見せる。
・チームのメダルを合わせて、エンブレムを完成させて、友だちに見せる。
・メダルを受けとる。

支援のポイント その4

レンジャーエンブレム

メダルはそれぞれの児童の目標に応じく絵柄を変え、個別の評価として手渡す。
それぞれの児童が受けとったメダルを、組み合わせて型にはめると、レンジャーエンブレムができあがる。

⑤ 終わりのあいさつをする

・日直の号令で終わりのあいさつをする。
・姿勢を正し、「足はピタ、手はひざ」と言葉かけで促してからあいさつをする。

生活科・生活単元

単元計画の実際　おそうじレンジャー出動！

学習のねらい	学習活動
1　始めのあいさつをする	・日直が、号令をかける。 ・姿勢を正しているか、「足はピタ、手はひ[ざ]」言葉かけで促してからあいさつをする。
2　活動の内容を知る ・「♪おそうじレンジャーたいの歌」で、力を合わせることや掃除の仕方を確認する。	・一人ずつバンダナをつけ、レンジャーポー[ズを]する。 ・歌に合わせて、力を合わせることや掃除の[仕方]を実際に再現し、確認する。 ・最後に、全員でポーズをする。
3　悪者が登場する ・悪者役の教師が登場し、教室、廊下、プレイルームが散らかっていることを伝える。児童は、掃除するように指令を受ける。 ・友だちと「力を合わせること」を実感する。 ・レンジャーの曲や、レンジャーポーズを活動の節目で繰り返し行うことで、主体的に活動に向かう。	① 机運び ・入り口をふさいでいる机を、友だちと[一緒に]運ぶ。 ・すべて運び終わったら、レンジャーポー[ズを]して、廊下に移動する。

支援のポイント その1

①机運び

教師（悪者）は、一人で運んでいたり、困ったりしている児童に対して、友だちを呼んだり、誘ったりするように促す（「どうしたら、よいのだ？」「困っているようだぞ！」「友だちを呼んだ方がよいのではないか？」等）。

支援のポイント その2

②絆ぞうきん、絆モップ

廊下の線を意識して、まっすぐに拭くように言葉かけやモデル提示をする。
レンジャーの曲が入ったVOCA（音声出力型コミュニケーション補助装置）を押す役割を設定し、最後にみんなで力を合わせて廊下を拭けたことを確認する。

② 絆ぞうきん、絆モップ
・友だちとペースを合わせて、雑巾か[け、]モップがけをする。
・拭き終えたらレンジャーポーズをする[。]

袋状に縫ったぞうきんを横につなげて作成した「絆ぞうきん」。4人でペースを合わせて、まっすぐに拭きます。

市販のミニモップをとり付けて作成した「絆モップ」。お互いに動きを意識しながらまっすぐに進みます。

生活科・生活単元学習

配置図①（教室）
展開 机運び

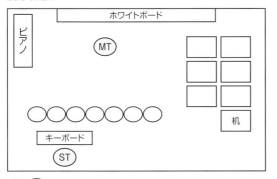

凡例　(MT) メインティーチャー
　　　(ST) サブティーチャー
　　　○ 児童

配置図②（プレイルーム）
展開 プレイルームの片づけ

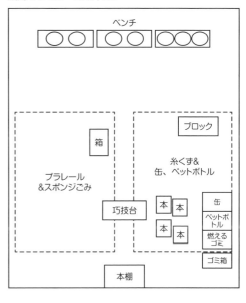

配置図①では、友だちと協力して出入口への通路をふさいでいる机を運ぶ。配置図②では、それぞれのエリアで散らかっているものを所定の場所に片づける。

まとめ

1.授業づくりの工夫！

- オリジナルソング「♪おそうじレンジャーたいの歌」（作詞／作曲 ねぎしゆか）。
- 「力を合わせる」ことが体験（経験）として実感しやすい教材（絆ぞうきん、絆モップ、レンジャーエンブレムなど）。
- 児童が困った時に、児童の視線で気持ちの代弁や言葉かけをする「悪者の声」（「それでいいのか？」「手伝ってもらいたいのではないか？」「友だちに聞いてみたらどうだ？」）。

2.子どもの学び！

- 教室での授業準備や片づけの際にも、友だちの名前を呼んで一緒に行えるようになった。
- 家庭生活でもお手伝いとして簡単な掃除（テーブル拭き、床のモップがけ、ゴミ出しなど）を行うようになった。

3.他の単元へのつながり！

- 音楽での楽器を用いた表現活動や校外学習の歩行などでも、ペアで活動する場面を設け、一緒に手をつないだり動きを合わせたりして行う活動を設定している。

（若井広太郎、根岸由香、遠藤絵美）

実践事例 **7** 「生活」領域

小学部 5・6年 ぼくたちのかいこちゃん
～生命の不思議を体験し、その尊さを知る～

小学校の理科で学習するチョウやガの成長を、特別支援学校小学部での学習にアレンジしました。生命に直接触れることで、命のもつ不思議さや尊さを感じ、人間が受けている、生き物からの恩恵を知るきっかけにしたいと考えました。

単元計画

- ●こんにちは かいこちゃん …… 1時間
- ●かいこちゃんをよく見よう、お世話しよう①～⑧ …… 8時間　**単元計画の実際→**
- ●かいこちゃんのまゆでわたを作ろう …… 1時間
- ●かいこちゃんのわたでリースを飾ろう …… 2時間
- ●さようなら かいこちゃん …… 1時間

単元目標と学習内容

1 カイコを育て、生き物が成長する様子に触れる

- ●餌やりや糞の始末など、自分のカイコの世話をする。
  人間関係Ⅵ-1-②～⑤　役割／情操Ⅳ-3-③～⑤　動物
- ●カイコの成長過程（卵～幼虫～さなぎ～羽化～生殖～死）に触れる。
  生活Ⅳ-(1)-1-②～④　動植物

2 カイコが成長する様子を観察・記録する

- ●カイコをよく見て触り、カイコの特徴を捉えながら記録する。
  情操Ⅲ-(1)-2-④　描画（形の表現）　Ⅲ-(1)-3-⑤　描画（色彩の表現）

3 カイコのまゆから糸や綿が作れることを知る

- ●カイコのまゆから綿を作り、クリスマスリースを飾る。
  情操Ⅲ-(3)-1-①～⑤　材料遊び

生活科・生活単元学習

単元計画の実際 かいこちゃんをよく見よう、お世話しよう⑤

	学習のねらい	学習活動
①	始めのあいさつをする	・日直の合図に合わせてあいさつをする。
②	活動内容を知る **きょうのよてい** ・かいこをよく見よう（観察）。 ・かいこのおせわをしよう（清掃）。 ・かいこをかこう（スケッチ・記録）。	・活動内容を確認する。 ・学級で作った歌「ぼくたちのかいこちゃん」を歌う。
③	カイコをよく見る  カイコに触るとツルツル、ひんやりしています。足が16本あります。吸盤みたいに吸い付く足もあります。糞は6弁の花形（*のような形）をしています。	・カイコをよく見る。 　カイコを手にのせて、優しく触ったり、語りかけたりしながらカイコを見る。 ・食べた餌の様子を見る。 　前日に与えた餌が、どのように食べられているのかを確認する。 ・糞の様子を見る。 　糞の個数や形を確認する。
④	カイコのお世話をする  餌は桑の葉、入手が難しい場合は市販の人工飼料を使います。桑の葉で飼育すると食べている音や、食べた跡が視覚的にもわかりやすいです。	・巣箱を掃除する。 　糞を取り除き、清潔を保つ。 ・餌を与える。 　食べた様子に応じて新しい餌を与え、古い餌を取り除く。

支援のポイント その1

昆虫に触れるのが初めて、または苦手な児童には、無理に触らせず、徐々に慣れればよいということを伝え、安心して学習できるようにする。また、乱暴にあつかってしまう場合には、教師がカイコの立場で代弁するなど、生き物を丁寧にあつかうことを伝える。

「生活」領域

単元計画の実際 かいこちゃんをよく見よう、お世話しよう⑤

	学習のねらい	学習活動
⑤	カイコを描く	・カイコをスケッチする。 　カイコは白いので、見やすいように濃色の色画用紙にのせる。カイコの特徴を確認しながらクレヨンなどで描画する。

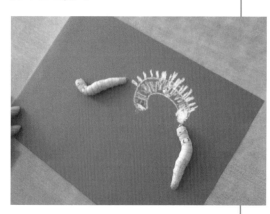

カイコの体には目のように見える眼状紋、背中に見える半月紋など、個体により特徴的な模様があります。また、体液を移動させる背脈管はまさに脈を打っているように動いて見えます。

支援のポイント その2

自力で描くことが困難な児童には、よく触っている様子をデジタルカメラで撮影する方法も考えられる。
描く際には、体の形や模様、特徴的な部位に着目するように言葉かけをする。
大きさや、長さの概念を日常の学習で獲得している児童には、実際に定規で体長を確認させ、成長の様子を定量的に捉えさせる。

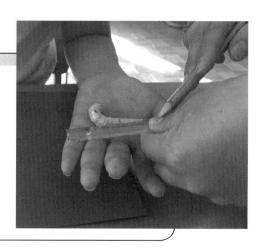

	学習のねらい	学習活動
⑥	学習したことを確認する	・本時のカイコの様子を言葉や描いたスケッチで発表する。
⑦	終わりのあいさつをする	・日直の合図に合わせてあいさつをする。

※カイコの飼育にあたって
・卵・幼虫・餌はインターネットで検索すると専門の業社から購入することができます。
・飼育方法の詳細やまゆの加工については、図鑑などの書籍、インターネットから情報を得ることができます。
・カイコは桑の葉を食べますが、継続的な調達が困難な場合は、人工飼料を活用すると便利です。

〈参考〉 カイコのまゆを使ったその後の学習について

カイコのまゆは、絹糸や真綿の原料として知られています。本実践では、まゆから綿を作り、クリスマスリースを飾り付ける活動を行いました。まゆ玉や真綿で装飾したオリジナルのクリスマスリースは、各家庭からも好評でした。

①カイコはさなぎになった際にまゆからとりだしておきます。

②とりだしても成虫になります。

③まゆは重曹を入れた鍋で煮ます。水洗いし、乾燥させ、ほぐすと綿になります。

④まゆ玉と綿を飾り付けます。

⑤できあがり。

まとめ

1. 授業づくりの工夫！

- 児童一人ひとりが1頭ずつ、カイコに名前をつけ育てることで意欲や責任感を育む。
- 歌や絵で表現することで、児童にわかりやすい方法で成長過程の理解を促す。
- 家庭用に「お世話の仕方」プリントを配布し、週末の飼育を協力してもらうことで、保護者の活動への理解を促し連携を図る。

2. 子どもの学び！

- カイコの成長の様子を目の当たりにし、生命の不思議さに触れることができた。
- カイコが成長するためには継続した世話が必要であることや、責任をもって仕事をやり遂げることの大切さを知り、その達成感を味わうことができた。
- 飼育を通して、生き物が最後に死を迎えることを学び、昆虫の飼育から児童一人ひとりが「生」と「死」について考える機会となった。
- まゆから綿を作り利用することで、生き物と人間の生活の関わりを学ぶことができる。

3. 他の単元へのつながり！

- 植物の栽培の単元において、観察記録方法を共有・関連づけることができる。

（佐藤知洋、小笠原志乃、別府さおり）

実践事例 8 「生活」領域

中学部2年 **心を込めて作物を育てよう！（栽培）**
〜作物からいろいろなことを学ぼう！〜

栽培の活動を通して、自然への関心を高めながら、生命への尊重の気持ちや周囲への思いやりの心を育みたいと思いました。また、器具を使った測定や描画を行い、物の形や大きさのイメージをもってほしいと考えました。

単元計画

●栽培
…… 週あたり0.5〜1時間（主に火・金曜日を中心に）

単元目標と学習内容

1 植物の栽培を通して、自然への興味や関心を育てる

●身の周りにある生物（植物・動物）や気象に関心をもつ。
　　　　　　　　　　　生活Ⅳ-(1)-1、2-①〜④　動植物　気象

●友だちと一緒に作物を愛情をもって栽培する。
　　　　　　　　　　　人間関係Ⅰ-5-①〜⑤　思いやり

●栽培シートに作物の様子を記録し、みんなの前で発表する。
　　　　　　　　　　　人間関係Ⅴ-1-①〜⑤　気持ちの伝達

2 土づくりから種まき、手入れ、収穫、調理・試食、種とり等の一連の流れに慣れる

●その日の栽培の活動について短い見通しをもって取組む。
　　　　　　　　　　　人間関係Ⅳ-1-①〜⑤　活動の流れの理解

●活動を繰り返す中で、栽培の手順の長い見通しをもつ。
　　　　　　　　　　　認知Ⅰ-10-①〜④　始めと終わりの理解

3 葉や花、実を観察し、写真、定規やノギス、テンプレート等を使用し、実測記録する

●テンプレートを使って葉・花・実の大きさを調べ、簡単な外形のスケッチを行う。
　　　　　　　　　　　認知Ⅱ-(8)-1-①〜④　長さの基礎概念

●実測器具を使って、正確なスケッチを行う。
　　　　　　　　　　　認知Ⅱ-(8)-2-①〜④　計器の使用

生活科・生活単元学習

単元計画の実際　栽培

	学習のねらい	学習活動
1	**教材を準備する** ・教材の準備と片づけは生徒が中心となって行い、重い教材は協力して運ぶ。	・移植ごて、バケツ、軍手等を道具置き場から作業場所まで運ぶ。
2	**土づくり** ・雑草を抜いて片づける。 ・土に触れて土の状態を観察する。 ・整理した土と腐葉土をまぜる。 ・腐葉土とワラ、水をまぜる。	

土づくりは、植物を育てる上で、大切なポイントです。たくさん栄養のある土を作りましょう！

支援のポイント その1

土に触れた経験が少ない生徒もいるので、土に触れる機会をたくさんもつ。

支援のポイント その2

育てたい作物を選択させることにより、栽培への意欲や愛情をもって取組めるようにする。

野菜の実物や写真などがあるとイメージをもちやすいです！

3 **苗植え（田植え）、種まき等を行う**

野菜の苗植え
・土にスコップで穴を掘る。
・野菜の苗をポットからとりだす。
・根を傷つけないようにしながら穴に埋める。
・茎の周りに土をかぶせる。

田植え
・苗の持ち方に気を付けて持つ。
・苗を傷つけないようにして植える。

根や茎を傷つけないようにそうっと優しく持ちましょう！
どこを持ったらよいかを示すとわかりやすいです。

「生活」領域

単元計画の実際 栽培

学習のねらい	学習活動

④ 水やりをする

毎日、忘れずに水やりをしましょう！
係当番をきめて交代でやるのもよいですね。
「おいしい野菜に育ってね！」気持ちを込めると願いが叶うかも……

⑤ 観察記録をつける

・植物をよく観察する。
・植物の成長を栽培シートにまとめる。

葉が大きくなった！ 花が咲いた！ 実がなった！ など植物の変化をシートにまとめておくと成長する様子を振り返ることができますね。

支援のポイント その3

葉や実、花は、ノギスやテンプレートを使って、実物の長さを方眼紙に記入させるようにする。
記録の難しい生徒は、写真で記録させるようにする。

 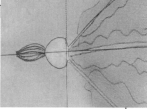

⑥ 収穫し、調理を行い、味わう

・収穫する。
・収穫した野菜を使用して調理をする。
・調理した料理を味わう。

支援のポイント その4

自分たちで育てた植物を収穫し、その野菜で調理をして味わうことで、自然への関心を高められるように働きかける。

自分たちで育てた野菜は、より一層おいしく感じられます！

生活科・生活単元学習

	学習のねらい	学習活動
7	種とりを行う	・来年まくための種をとる。

支援のポイント その5

種をとり、来年の見通しをもつよう働きかける。

野菜の種を丁寧にとり、その種をまくことで野菜ができることを知る。

まとめ

1. 授業づくりの工夫！

- 土や雑草、土壌生物を直接目や手で感じとれるよう自然な状態の設定。
- 実体験とマッチした視覚教材の準備（絵・写真カード）。
- 振り返りをするための観察シートと実測具の使用。
- 種まき・手入れ・収穫・種とり、そして次年度種まきという一年のサイクルの中での見通し。
- 見通しをもたせ、自主的に動けるための教材と教員の配置。

2. 子どもの学び！

- 繰り返し学習することで、プランターの土を触ることに生徒が慣れてきた。
- 植物の成長過程を知り、収穫の喜びを味わったことで、積極的に植物の世話をする生徒が増え、元気のない作物に自発的に水やりをするようになった。
- 植物への興味や関心が広がり、自宅で栽培を実践する生徒もいた。

3. 他の単元へのつながり！

- 温度計や計量計の測定器具の目盛りの読み方を学ぶことができた。
- 野菜の収穫から調理学習へと関連づけて学習することができた。
- 物の大きさを捉える力がついてきて、絵の描き方にも変化が見られた。

（佐野友信、杉田葉子）

自立活動・国語・算数

「認知」領域
情報をとりこんで整理し、日常生活に活用する力を育てる

領域のねらいと特徴

「認知」領域では、人が様々な感覚によって得られる情報を処理する過程で「物事に気づき、その情報をとりこんで整理（概念化、統合、分類、取捨選択など）し、数量・文字言語の学習を通して、自己表現や意思の表出、考える力など日常生活に活用するための力を育む」ことをねらいとしている。

この学習領域の特徴は、様々な「もの」と「もの」との関係を意味づけて学習することにあり、そこで得られた知識や技能を統合・応用することで、日常生活の問題を解決していく子どもの姿を目指している。

項目の構成

この領域は、「もの」と「もの」との関係の概念を理解し、実際の生活の中で数量や文字言語として活用するために必要な力を、以下の3つの大項目に分けている。

● 「I. 認知（基礎）」
ここでは、目と手の協応動作や物の弁別・分類、空間認知や始点・終点といった順序性を理解するなど、認知の基礎的な力を育むための要素を13の項目に分類している。

● 「II. 数量」
ここでは、物の集合、同等・多少、保存の理解といった「数の基礎概念」、数詞から比較、合成分解を理解するための「集合数」「順序数」、簡単な計算を活用する「加法」「減法」「乗法」「除法」、計測した長さや量を活用する「長さ」「重さ」「広さ」「かさ（容積）」をとりあげた。またこの他に、「時刻・時間」、「こよみ」、「表とグラフ」、「図形」、「方向・位置」、「金銭実務」などがあり、社

会生活を送るうえで必要とされる身近な数の知識や、それをあつかう技能を活用する力を育むための要素を挙げている。

● 「Ⅲ. 文字言語」
ここでは、会話の聞きとりから、状況に応じた応答を目指す「聞く」「話す」、漢字やカタカナを含む簡単な文章の内容理解を目指す「読む」、実用的な文書を「書く」といった力を育むための要素を挙げている。

認知領域の構成

日常生活へ活用する力から問題解決する力へ

数の概念と計算	量の概念と計測	時間の概念と活用	文字言語
弁別 集合数 順序数 加法・減法 乗法・除法	長さ 重さ 広さ かさ (容積)	時刻・時間 こよみ 表とグラフ 図形 方向・位置	聞く 話す 読む 書く

認知（基礎）

他領域との関係

「認知」領域では、「Ⅲ. 文字言語」「聞く」、「話す」の内容が、「人間関係」領域と「コミュニケーション」領域の学習内容に関連している。

「認知」領域
情報をとりこんで整理し、日常生活に活用する力を育てる

授業づくりのここがポイント！

「楽しみながら数を数えよう！」
基点を意識した空間認知の理解へ

「I．認知（基礎）」の小項目「空間認知」では、前後、左右、上下など、物の位置や方向の理解を目指している。これは主に着替えなどの日常生活動作、数を数えたり、文字を書いたりする力を支えている。

小学部の「ことば・かず」のグループ学習では、電子黒板を使い、直接タッチパネルを触りながら数を数える学習を行っている。「右から○番目の箱はどれ？」という質問に児童が正しく答えると箱から宝物が、まちがえた場合には、ドクロが出るといった工夫を行っている（112ページ参照）。

このように、児童が楽しみながら取組める教材を作成することが大切である。

「手作り教材を使って量の理解を深めよう！」
具体物の操作を通した概念の理解へ

「長さ」「重さ」「広さ」「かさ（容積）」といった「量の概念」は、具体的な物を操作する活動を通して視覚や触覚などの様々な感覚を統合しながら、理解を深めていく。

自立活動・国語・算数

　例えば、高等部の「課題学習」では、生徒があつかいやすい木製の手作り教材を使って数量の学習に取組んでいる。生徒は、穴の空いた球を「いち、に、さん、よん」と、左端の支柱を基点にして順に積み重ねることによって、数詞、長さや量、順序を意識しながら学習している。
　こうした課題は、卒業後の働く力を育てることにつながると考える。

「言語と数量を合わせて学習しよう！」
身に付けた力を生活の中で発揮するために

　中学部の「グループ学習」で、「ICTツールを用いて簡単な要求を伝える」ことを目指しているAさんは、代替手段を活用しながら「文字言語」の「聞く」「話す」に加え、様々な色や形をした図形の属性を抽出する「数量」の小項目「属性の理解」の課題に取組んでいる。
　「認知」領域の学習で得られた知識や技能を日常の生活の中で活用するためには、人とのやりとりの中で「数」を理解し、実際にあつかえるようになることが大切と考える。

「属性の理解」の課題に取組む様子

103

学習内容表 「認知」領域

大項目	中項目	小項目（キーワードなど）	①	②
I.認知（基礎）		1. 見る	・人、物を見る。	・追視する。 ・好きな物を見る。
		2. 聞く	・物音に反応する。	・音がした方を振り向く。
		3. 手指の操作 （片手）（目と手の協応）	・片手を出す。	・指で触る。 ・物をつかむ。
		4. 手指の操作 （両手）（目と手の協応）	・両手で同じ操作をする。	・両手で異なる操作をする。
		5. 記憶（短期）	・目の前で隠された物を探す。	・発声（ダー、パー）の復唱をする。
		6. 弁別	・二つの物の違いがわかる。	・複数の物の違いがわかる。
		7. 分類（集合）	・仲間集めをする。	・色、形で分類する。
		8. 属性（比較）	・赤青黄緑の4色がわかる。	・大小を比べる。
		9. 因果関係	・自分が行動を起こすと人が反応することに気づく。	・物に触れると物の状態が変わることに気づく（おもちゃを離すと物が落ちるなど）。
		10. 始めと終わりの理解 （順序性）	・行動を起こした（始点）直後に結果がわかる（ゴルフボールを缶に入れると音が鳴るなど）。	・手の運動や目で終点がわかる。
		11. 描く	・横のなぐり描き（横の往復描き）をする。	・円のなぐり描き（ぐるぐる描き）をする。
		12. 空間認知	・指された方向がわかる。	・積木の見本を見て積む。 ・上下がわかる。
		13. 見立て	・組み立て遊び（積木など）をする。	・見立てや振りをして遊ぶ。
II.数量	(1)数の 基礎概念	1. 物を認知し、弁別する	・色により弁別する。	・形を弁別する。
		2. 同じ物同士の 集合づくり	・色、形などの単純条件による集合づくりをする。	・複雑条件による集合づくりをする。
		3. 対応づけにより 同等、多少がわかる	・1対1対応がわかる。	・1対1対応で余りのない時は、数が同じであることがわかる。
		4. 数の保存性がわかる	・数の同異を確認した場合の保存がわかる。	・数の同異を確認しない場合の保存がわかる。
	(2)集合数	1. 物の集まりと対応して、数詞がわかる	・1対1対応がわかる。	・物の集まりから、数を知る。
		2. 物の集まりや数詞と対応して、数字がわかる	・数字を読む。	・数を数字で表すことを知る。
		3. 個数を数える	・対象をはっきりつかむ（対象以外の物を数えない）。	・数詞と、1対1対応しながら数える。
		4. 数の大小の比較	・対応させることにより、同じや多少がわかる。	・集合の大きさを比べ、数の大小がわかる。
		5. 数系列がわかる	・順序正しく数詞を言う。	・逆の順に数詞を言う。
		6. 数の合成分解	・直感的に数える（5まで）。	・5までの数の合成、分解をする。

自立活動・国語・算数

「認知」領域の①から⑤の各段階は、発達的な視点に基づいているが、生活年齢には対応していない（15ページ参照）。

③	④	⑤	本体・CD収録の単元例
・指示された方を見る。	・目的をもって見る。		CD2.小学部（課題別グループ）
・名前を呼ばれたら反応する。	・特定の音を聞き分ける。		
・つかんで確認する（口に入れる、落とすなど）。	・つかんで操作する（置く、入れる、はめる、押すなど）。	・指でつまんで操作する。	CD4.中学部（1年）
・両手を使い、細かい操作（ねじ、ビーズ通しなど）をする。			CD5.中学部（2年）
・単語の復唱をする。	・文章の復唱をする。		
・同じ大きさの物を選ぶ。	・同じ色、同じ形の物を選ぶ。		CD6.中学部（3年）
・大きさで分類する。	・同じ用途、目的機能で分類する。	・分類した種類ごとに命名する。	
・長短、高低を比べる。	・重軽を比べる。	・言葉で左右がわかる。	CD8.中学部（課題別グループ）
・意図的に操作すると物の状態が変化することに気づく（ボタンを押すと音が出るなど）。			CD7.幼稚部（個別指導）
・始点から次の点（次にすること）がわかる。	・始点から順序よく終点までいく。	・始点から終点までいった後、始点まで順序よく戻る。	
・まねをして縦線、横線を描く。	・まねをして○+を描く。	・まねをして三角形を描く。	
・見本を見て左右のまねをする。	・見本を見て前後のまねをする。	・言葉の指示によって、位置の特定をする。	
・家庭内のできごとをまねて遊ぶ。	・ごっこ遊びをする。	・パズルなどの構成遊びをする。	
・用途や性質により弁別する。			CD10.中学部（課題別グループ）
・用途や性質などの抽象概念による集合づくりをする。	・AとAでない物を類別する。		
・1対1対応で一方に余り（不足）のある時は、数が違うことがわかる。			
・数詞を、順序正しく言う。	・数を数詞で言う。	・数詞を言って、その数をとる。	CD1.小学部（1・2年）
・数字を読んで数をとる。	・数を数字で書く。		
・直感的に数える（5まで）。	・対象を異なる物に置き換えて数える。	・まとめて数える（5の束、10の束）。	
・数直線上で数の大小を比較する。			
・10進数がわかる。			
・6～9の合成分解をする。	・10の合成分解をする。	・位どりの考え方がわかる(10より多い数)。	CD11.中学部（課題別グループ）

人間関係／生活／認知／身体・運動／情操／コミュニケーション／社会生活・進路

「認知」領域

大項目	中項目	小項目（キーワードなど）	①	②
Ⅱ.数量	(3)順序数	1.1〜5、1〜10までの数系列がわかる	・1〜5までの数の大小がわかる。	・1〜5までの数が一つずつ増えていることに気づく（タイルの階段など）。
		2.順番や位置を表すのに数を用いる	・上下、前後、左右などの方向や位置関係を示す言葉がわかる。	・「〜から数えて○番目」の順序がわかり、使う。
		3.数系列における0がわかる	・10までの数を、数直線に表わす。	・数直線の0は、始まりの意味であることがわかる。
		4.1〜100までおよび、100以上の数系列がわかる	・1〜100までの数の段階や、数表を作る。	・100および100以上の数の順序がわかる。
	(4)加法	1.加法の意味を知る	・身近な生活の中で、二つの数を一緒にする（「合わせる」という事象のあることを知る）。	・身近な生活の中で、元の数より増加する場合の事象について知る。
		2.＋、＝などの記号や、たす、増えるなどの用語を知る	・合わせたり、増加したりする事象をたす、増える、などの用語で表すことを知り、使う。	・合わせたり、増加したりする事象を＋の記号で表すことがわかる。
		3.たし算をする	・具体物を用いて1〜5のたし算をする。	・具体物を用いて6〜10のたし算をする。
		4.数式がわかる	・半具体物を使って、数式のとおりに操作する。	・縦書き、横書きの数式があることを知る。
		5.繰り上がりのあるたし算をする	・位どりの意味がわかる。	・0が空位の意味、記数法がわかる。
		6.実生活上のいろいろなたし算をする	・簡単なたし算の文章題をする。	・実生活で生じるたし算をする。
	(5)減法	1.減法の意味を知る	・具体的な生活経験を通して、減法の場面を意識する。	・残りを求めることを知る。
		2.−、＝などの記号や、取る、減るなどの用語を知る	・「取る」「減る」などの用語の意味がわかる。	・用語と、−、＝などの記号を関係づける。
		3.具体物を用いて、ひき算をする	・具体物を（5まで、10までの数範囲で）操作して、減法の事実と用語がわかる。	・半具体物を操作する。
		4.数式がわかる	・半具体物を使って、数式のとおりに操作する。	・縦書き、横書きの数式があることを知る。
		5.数式を用いてひき算をする	・半具体物の操作を見て、式や答えを書く。	・5まで、10までの数範囲で、ひき算をする。
		6.実生活上のいろいろなひき算をする	・簡単なひき算の文章題をする。	・実生活で生じるひき算をする。
	(6)乗法	1.乗法の意味を知る	・いくつかの数の集まりの物を、まとめて1つと見なす。 ・×、＝などの記号や、何倍などの用語がわかる。	・2とび、5とびで数える。 ・倍の見方、考え方を、乗法に適用する。
		2.乗法九九を知り、使う	・二の段、五の段の乗法九九がわかり、唱える。 ・適用する場合について理解する。	・三、四の段、六〜九の段の乗法九九がわかる。
		3.実生活上のいろいろな乗法をする	・ある集まりの数を、乗法を使って効率的に数える。	・10倍、100倍の計算をする。
	(7)除法	1.除法の意味を知る	・連続量（牛乳など）を等しく分けることの意味を知る。	・分離量（あめ玉など）を等しく分けることの意味を知る。
		2.除法の数式がわかり、立式して答えを求める	・用語と÷、＝の記号の意味を知る。	・具体的な場面を、÷を使った式にする。
		3.筆算で答えを求める（余りのある除法、2位数以上の除法を含む）	・横の式を縦に直す。	・たてる、かける、ひく、おろすの算法がわかる。

自立活動・国語・算数

③	④	⑤	本体・CD収録の単元例
・5までの数の順序がわかる。	・10までの数の順序がわかる。	・10までの数の系列における数の位置、大小、順序がわかる。	
・同じ位置にあっても、基準が変わると別の順序数が対応することに気がつく。			本体9.小学部（課題別グループ）
・数の系列における数の位置、大小、順序がわかる。	・5とび、10とびの数系列がわかる。		
・具体物を用いて、二つの数を一緒にしたり、元の数より増やしたりという操作をする。			
・合わせたり、増加したりする事象の結果を求める時に、＝の記号で表すことがわかる。			
・半具体物を媒体にして、1～5のたし算をする。	・半具体物を媒体にして、6～10のたし算をする。		
・具体的事象を数式に表す。	・数式を具体的事象で説明する。	・繰り上がりのあるたし算をする。	
・1位数＋1位数（繰り上がり）の計算をする。	・2位数＋1位数（繰り上がり）の計算をする。	・2位数＋2位数（繰り上がり）、およびそれ以上の計算をする。	
・差を求めることを知る。			
・具体的事象を数式に表す。	・数式を具体的事象で説明する。		
・繰り下がりのあるひき算をする。			
・加法、減法とは違う、新しい計算の方法であることを知る。 ・乗法の式の書き方、読み方を知る。	・倍や累加の概念から、かける、かけ算という用語がわかる。	・乗法の答えは、累加でも求められることがわかる。	
・一の段、零の段の乗法九九がわかる。	・乗法九九を練習して、唱える。	・乗法九九を問題に応じて使う。	
・乗法を適用する場合を判断し、問題を解決する。	・ゲームの点の数え方などに応用する。	・買い物などで簡単な乗法を使う。	
・分離量（あめ玉など）をいくつ分求める意味を知る（余りがわかる）。	・連続量（牛乳など）をいくつ分を求める意味を知る（余りがわかる）。		
・具体物を使って答えを求める。	・除法を使って、答えが求められることを知る。	・式を見て、その式に合う問題を作るなどして除法の理解を深める。	
・残りが余りであることを知る。	・実生活上でいろいろな除法を使う。	・除法を使って見通しをもったり、計画を立てたりする。	

「認知」領域

大項目	中項目	小項目（キーワードなど）	①	②
Ⅱ.数量	(8)長さ	1.長さの基礎概念	・直感による長短の比較をする。	・直接比較で長さを比べる。
		2.計器を使う	・一定の長さの棒による測定をする。	・cmの目盛りのついた物さしによる測定をする。
		3.単位関係がわかる	・1cm＝10mmがわかる。	・1m＝100cmがわかる。
		4.いろいろな計器	・1mざしを使って測定をする。	・巻尺を使って測定をする。
	(9)重さ	1.重さの基礎概念	・重さを意識する。 ・直感により重さを比べる。	・直接比較で重さを比べる。
		2.秤による目盛りの読み方を知る（単位関係を知る）	・自動上皿天秤の目盛りの読み方がわかる。	・1kg＝1000gがわかる。
		3.正味のはかり方を知る	・正味の意味を知る。	・正味の重さ＝全体の重さ－容器の重さであることを知る。
	(10)広さ	1.広さの基礎概念	・広さを意識する。 ・直感により広さを比べる。	・直接比較で広さを比べる。
		2.単位を使う	・一定の広さの物を用いてはかる。	・1cm²を単位にして、広さをはかる。
		3.面積計算をする 単位関係がわかる	・正方形、長方形などの面積を計算する。	・cm²とm²の関係がわかる。
	(11)かさ(容積)	1.かさの基礎概念	・かさを意識する。	・かさの保存性がわかる。
		2.計器を使う	・一定の大きさの容器を基準にして、かさをはかる。	・100mlのカップを用いて計量する。
		3.単位関係を知る 計算で求める	・mlとccが同じ量の単位であることを知る。	・1ℓ＝100ml×10＝1000mlがわかる。
	(12)時刻・時間	1.時刻・時間の基礎概念	・朝昼夜の区別をする。	・早い、遅いなどの用語に慣れる。
		2.時計に関心を持つ	・時報に関心をもつ。	・針の動きに関心をもつ。
		3.時計を読む	・○時、○時半を読む。	・○時前、○時すぎがわかる。
		4.単位関係がわかる	・1日＝24時間がわかる。	・1時間＝60分がわかる。
		5.簡単な時間計算をする	・時計によって時間を知る。	・1時間以内の加減がわかる。
		6.様々な時計や時刻表を読む	・いろいろな時計で時刻を知る。	・簡単な時刻表を読む。
	(13)こよみ	1.こよみの基礎概念	・昨日、今日、明日などがわかる。	・日づけや曜日に関心をもつ。
		2.曜日についてわかる	・1週間＝7日がわかる。	・来週、今週などの用語に慣れる。
		3.月についてわかる	・月の日数はいろいろあることがわかる。	・日づけの読み方（ついたち、ふつか）がわかる。
		4.年についてわかる	・去年、今年、来年や元旦、大みそかなどの用語を知る。	・1年＝12か月＝365日（366日）がわかる。
		5.こよみを使う	・こよみを見て曜日を確かめたり、簡単な日数計算をしたりする。	・予定表を作る。
	(14)表とグラフ	1.表やグラフを使う	・○×や線などの表で、数の多少を比較する。	・測定した量を○×や絵の表で表し比較する。
	(15)図形	1.形の弁別、類別をする 名称がわかる	・基本的な形の違いに気づき、同じ、違うを見分ける。	・形の特徴によって分類したり、集めたりする。

自立活動・国語・算数

③	④	⑤	本体・CD収録の単元例
・間接比較で長さを比べる。	・長さに関する用語がわかる。	・長さの保存性がわかる。	
・市販の物さし（30cm）による測定をする。	・市販の物さし（100cm）による測定をする。		
・○cm○mmがわかる。			
・身長計などを使って測定をする。			
・間接比較で重さを比べる。	・重さに関する用語がわかる。	・重さの保存性がわかる。	
・○kg○gがわかる。	・いろいろな秤に慣れる（てんびん秤、ばね秤、台秤など）。		
・広さの保存性がわかる。	・間接比較で広さを比べる。	・広さに関する用語がわかる。	
・1㎡を単位にして、広さをはかる。			
・身近な物の面積を計算する。	・k㎡、m㎡を必要に応じて使う。		
・直接比較でかさを比べる。	・間接比較でかさを比べる。	・かさに関する用語がわかる。	
・目盛りを見て計量する。	・加法性がわかり、計量したり簡単な計算をしたりする。		
・複数の単位で表せること（1升＝1.8Lなど）を知る。	・いろいろな場合について、計算してかさを求める。		
・日課表に関心をもつ。			
・12時、6時などがわかる。			
・○時○分が読める。	・午前、午後がわかる。		CD13.高等部（2年）
・1分＝60秒がわかる。			
・1時間以上の加減がわかる。			
・24時間がわかる。			
・今日は○月○日○曜日がわかる。	・1週間の曜日がわかる。	・自分の誕生日がわかる。	
・七曜表のしくみがわかる。	・休日や祭日、行事の日に関心をもつ。		
・来月、今月などの用語がわかる。	・月の変わりと曜日の関係を知る。		
・年の変わりと月の変わりなどの関係を知る。			
・いろいろなカレンダーを読む。			
・棒グラフを見て数量の大小関係がわかり、折れ線グラフを見て変化がわかる。	・測定した量を、棒グラフや折れ線グラフで表わす。		
・丸、三角、四角の仲間集めをする。	・丸、三角、四角などの名称を言ったり、指でさしたりする。		

「認知」領域

大項目	中項目	小項目（キーワードなど）	①	②	
Ⅱ.数量	(15)図形	2.形の性質がわかる	・正方形と長方形の違いがわかり、区別する。 ・長方形から正方形を作る。	・辺の長さが様々でも、3つの辺や3つの角がある形は、三角形であることがわかる。	
		3.様々な立体図形に気づき、楽しむ 様々な図形を作図する	・様々な立体が、基本的な図形の組み合わせでできていることに気づく。	・立体積木などを使って、乗り物などをイメージをもって作る。	
	(16)方向・位置	1.位置や方向が直感的にわかる	・棚の上の段、下の段の使い分けをする。	・上下、左右の違いを区別する。	
		2.自分を基準にして、上下、前後、左右がわかる	・自分の体の前と後ろがわかる。	・自分や他人の、前の人や後ろの人がわかる。	
		3.基準を押さえて位置関係がわかる	・基準を押さえて位置関係がわかる。	・上下、左右の言葉を使って、位置を表す。	
		4.四方位がわかる	・太陽の位置などから、東西南北の見当をつける。	・磁石の見方、使い方がわかる。	
	(17)金銭実務	1.お金を使う	・お金（硬貨、紙幣）の種類がわかる。	・等価関係がわかる。	
Ⅲ.文字言語	(1)聞く	1.傾聴	・身近な人の話しかけに関心をもつ。	・意味のある音声や話しかけに傾聴する。	
		2.聞き分け	・自分の名前を聞き分ける。	・人の声音、音の強弱を聞き分ける。 ・事物と言葉（音声）を合わせる。	
		3.理解	・簡単な語句がわかる。	・簡単な指示に応じる。	
	(2)話す	1.発声・発語・伝える	・発声する（喃語）。 ・指さしや身振りで伝える。 ・口形をまねて発語する ・音声をまねて発語する。	・身近な単語を発する。	
		2.やりとり・応答	・助詞を使って話す。	・身近な事物と結びついた簡単な発語ができ、応答する。	
	(3)読む	1.読む基礎	・絵や模様に関心をもつ。	・身近な表示（シンボルマークなど）を識別し意味がわかる。	
		2.ひらがな	・事物や絵カードと対応させながら一文字ずつ文字を読む。	・事物や絵カードと対応させながら文字や単語を読む（構成する）。	
		3.カタカナ・漢字	・カタカナを読む。	・簡単な漢字を識別して読む。	
	(4)書く	1.書く基礎	・書くことに興味をもつ。	・文字の形状の違いを識別する。	
		2.文字	・文字の形状を捉えてなぞり書きをする。	・身近な物の名前や語句をひらがなで書く。	
		3.文	・文字を書く（なぞり書き、複写）。	・助詞を使って文を書く。	

自立活動・国語・算数

③	④	⑤	本体・CD収録の単元例
・三角形、四角形を辺、角の数に着目して分類する。	・直角がわかり、三角定規を使って直角を確かめたり、描いたりする。	・円の性質（中心）がわかる。	
・正方形、長方形、三角形などを定規などを使って描く。	・コンパスを用いて、円を描く。		
・具体物などの向きの違いがわかる。			
・自分の右と左がわかり、自分でその方向を示す。	・上下、左右の言葉の意味がわかる。		
・上下、前後の関係がわかり、生活の中で使用する。			
・簡単な買い物の手順がわかる。	・お金の出し方を工夫して、お釣りのある買い物をする。	・出納簿や領収書などの意味がわかり、使用する。	CD12.高等部（1年）
・促音、拗音、長音のある言葉（単語）を聞き分ける。 ・濁音、半濁音のある事物と音声を合わせる。	・身近な「物」や「動き」を表す言葉を聞き分ける。	・簡単な単語を音節を区切って聞き分ける。	
・日常的な話しかけのあらましがわかる。	・話の内容を大体聞き取り、内容がわかる。	・話の要点や情感がわかり、受け止める。	
・音節を分解して発語する。 ・物の名前と動作で発語する（手、あらう）。			CD9.中学部 （課題別グループ）
・身近な人と会話する。 ・身近な生活範囲で使われる簡単な言葉を用いて話す。	・日常生活の中で使われる言葉を用いて円滑に会話する。	・相手や状況に応じて、適切に会話する。	CD3.小学部 （課題別グループ）
・濁音と拗音のある文字や単語を読む。	・促音、長音、半濁音のある文字や単語を読む。	・助詞の入った短い文章を読んで内容がわかる。	本体10.中学部 （課題別グループ）
・カタカナや漢字の入った短文を読む。	・簡単な文章を読み、内容がわかる。		
・始点、終点を意識して線をなぞる。	・左右、斜め、上下、ジグザグなどの線をなぞる。	・形を塗りつぶす。	
・濁音、半濁音のある語句を書く。	・促音、拗音、長音のある語句を書く。		
・日常使われている簡単な語句を書く。	・順序立てて書く。	・生活に密着した実用的な文をほぼ適切に書き、生活に役立てる。	

認知

実践事例 9 「認知」領域

〜から○番目の宝を探そう！
〜基点を決めて、数えよう！〜

小学部 課題別グループ

「ことば」の面では、ワークシートや具体的操作を手がかりとして、自分の考えを発表することをねらいとしました。また「かず」の面では、「上下左右」の抽象概念の獲得と、基点を定めて数え出しをすることをねらいとして、学習活動を設定しました。

単元計画

- ●宝箱を探そう！①（電子黒板を使った学習活動） …… 4時間　単元計画の実際→
- ●宝箱を探そう！②（具体物を使った学習活動） …… 2時間
- ●上から2番目、左から4番目の部屋はど〜こだ！ …… 4時間

単元目標と学習内容

1 「〜から○番目」の設問を読み、正しい宝箱等を探し出す

- ●「上(下左右)から数えて○番目」の設問を読み、正しい箇所を探す。
  認知Ⅱ-(3)-2-②　順番や位置を表すのに数を用いる
- ●上下左右を理解し、端を基点にして考えることができる。
  認知Ⅰ-12-⑤　空間認知

2 問題文を作り、友だちの前で発表する

- ●ワークシートを用いて、「〜から数えて○番目」の文を作り、書き表す。
  認知Ⅲ-(4)-3-③　文
- ●ワークシートを手がかりに、作った問題文を発表する。
  コミュニケーションⅠ-6-③　教示・説明

3 自分の考え方を説明する

- ●半具体物などを手がかりにして、自分の考え方を説明する。
  人間関係Ⅴ-1-③　気持ちの伝達

自立活動・国語・算数

単元計画の実際 宝箱を探そう！① （電子黒板を使った学習活動）

学習のねらい	学習活動
① **始めのあいさつをする**	・係の号令に合わせてあいさつをする。 「これから『ことば・かず』の勉強を始めます」 「よろしくお願いします」
② **活動の内容を知る** 前時までに使った教材を用いることで、学習した内容や、考え方のポイント（基点となる端から数える）を確認する。	(1) 前時の振り返りをする 「右から3番目の宝箱はどれでしょうか？」 前時（右から○番目）に使った学習プリントや、問題文を用いて振り返りをする。 (2) 本時のめあてを知る 「左から○番目の宝箱を探そう」
③ **電子黒板を用いて考える** 数え始めの基点を確認し、数に合った宝箱を探す。 また、半具体物を指さしたり、触れたりしながら基点を決めること、正しく数えることなどの自分の考えを発表する。	全体で課題に向かい、考え方を共有する。

支援のポイント その1

半具体物の媒介として電子黒板を用いる。提示する情報を精選することができることから、子どもが集中して思考する環境を整えやすい。また、教材としてMicrosoft社のPower Pointを利用した。Power Pointはリンクを貼りやすく、また効果音や個に応じた支援などの工夫が容易である。

電子黒板やプリントを用いた学習の前段階として、段ボール箱（宝箱）など具体物を数える体験的学習の設定を行う。

「認知」領域

単元計画の実際 宝箱を探そう！①（電子黒板を使った学習活動）

学習のねらい	学習活動

支援のポイント その2

学習活動（2）で「右手挙げて」などの活動をとりいれることで、左右の理解についての実態把握を行う。しかし、音声だけでの記憶や判断が難しい子どもや、左右の判断が曖昧な子どもがいる場合には、必要に応じて左右を視覚化する。この時も、聴覚、視覚、そして動作を併せて指導することで定着を深めるようにする。

教材例

④ 問題文を作成する

ワークシートを用いて、「〜から数えて○番目」の文を作り、書き表す。

ワークシート、宝物シール、付箋紙を用いて「〜から○番目」の問題文を個々に作成する。

支援のポイント その3

宝物シールと付箋紙を用いることで、宝物を隠す行為の見立てをする。また、文のフォーマットについては、実態に応じて（ ）埋めの形式や、マス目形式などの工夫を行う。

⑤ 作った問題文を発表する

ワークシートを用いて、作成した問題を発表する。

発表者はワークシートを用いることでわかりやすく友だちに伝え、発表者以外の子どもが問題文に取組む。

自立活動・国語・算数

学習のねらい	学習活動

支援のポイント その4

作成した問題に全員で取組むように活動を設定することで、互いの考えを確認するなど、子ども同士のやりとりを深める。今回は、宝箱があると考える場所（記号）にマグネット磁石を貼ることで、自分の意見をだれでも示すことができるようにした。
また、学習の定着度に応じて、サブティーチャーがあえてまちがった答えを出すことで子どもへゆさぶりをかける。その結果として、「やはり、自分の考えはあっていた」という論理的に考えた自分に自信をもてるようにする。

6 終わりのあいさつをする | 係の号令に合わせて行う。

まとめ

1. 授業づくりの工夫！

- 同じ目標に向かって課題に取組む学習場面づくりをする。
- 子ども同士が互いの意見を交換したり、可能な限り進行を子どもが担ったりするなど、学習参加の機会を多く設定する。
- 聴覚や視覚だけでなく、半具体物や具体物などを用いた操作的学習も効果的にとりいれる。

2. 子どもの学び！

- 単元の学習活動内容で「〜だから○○です」など、理由が伴った説明をすることが増えた。

3. 他の単元へのつながり！

- 日常生活の中で、「○○君は、前から2番目」など言葉をかけて子ども同士で整列をする姿が見られるようになった。

僕は、前から3番目だから…

（内倉広大）

実践事例 10 「認知」領域

中学部 課題別グループ いろいろな言葉を知ろう・使おう
～iPadを使って言葉や気持ちを伝えよう～

発語をすることが難しい子どもたちに「言葉が伝わる楽しさ」を感じてほしいと思い、設定しました。日常生活でも身近なICTツールを使って自分の気持ちを伝えられるように、iPadを教材としてあつかい、使い方も一緒に学んでいけるようにしました。

単元計画

- ●iPadを使ってみよう！ …… 3時間
- ●動きや気持ちの言葉 …… 8時間
- ●先生や友だちに言葉を伝えよう！ …… 13時間　単元計画の実際→

単元目標と学習内容

1 ICTツールを使い、簡単な言葉で要求を伝える

- ●iPadを使ってやりたい課題やほしい教材を伝える。
  コミュニケーション I-3-②③　要求
- ●報告をする。
  コミュニケーション I-7-①〜④　報告

2 友だちとカルタゲームをする

- ●ひらがなを読んだり書いたりする。
  認知 Ⅲ-(3)-2-①〜④　ひらがな
- ●役割を交代しながらゲームを楽しむ。
  人間関係 Ⅵ-1-①〜④　役割

3 動きや気持ちの言葉がわかる

- ●動きや気持ちの言葉（絵・文字・音声）のマッチングをする。
  コミュニケーション Ⅳ-1-①②　物の名前の表出　Ⅳ-2-①②　動きの言葉の表出

自立活動・国語・算数

単元計画の実際 先生や友だちに言葉を伝えよう！

学習のねらい	学習活動
① 始めのあいさつをする	・iPadを使ってあいさつをする。 「これからグループを始めます。礼」
② 活動内容の確認	・学習プリントに今日の日付を書く。

> **支援のポイント その1**
> ・文字を書くことが難しい子どもについては、薄く文字を書いておき、なぞるようにする。
> ・見通しをもって活動に取組んだり、達成感を得たりできるように、1つの学習が終わるごとにシールを貼る。

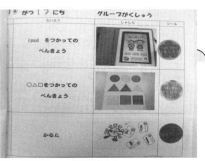

学習プリント

③ ひらがな・迷路・シール貼り ・iPadを使って自分のやりたい課題を教師に伝える。 ・報告をする。	・自分のやりたい課題を選択し、教師にiPadで「○○ください」と伝える。 ・教師から課題プリントをもらって取組む。 ・iPadで「できました」と教師に報告する。

> **支援のポイント その2**
> 課題は鉛筆を使って文字や線を書いたり、枠の中にシールを貼ったり、手先を使った課題を多くとりいれる。
>
> 自分で選択した課題をiPadで伝え、シール貼りを行うAさん

④ ○△□を使った学習 ・枠の色・形を意識してマッチングをする。 ・iPadを使って自分のほしい色・形を教師に伝える。	・プリントの枠と同じ色・形のところに教師からもらったパーツをのりで貼る。 ・iPadを使って「○(色)の○(形)をください」と教師に伝える。

「認知」領域

単元計画の実際 先生や友だちに言葉を伝えよう！

学習のねらい	学習活動

支援のポイント その3

・始めは、色は3色で、パーツは大きめのものを用意する。徐々に使用する色を増やし、小さなパーツにも取組めるようにする。
・パーツを渡す時には「はい、どうぞ」と目を見て渡し、自分が伝えた言葉がきちんと相手に伝わっていることがわかるようにする。

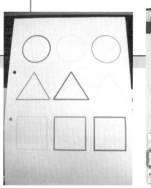
プリント

操作するiPad画面

ほしいパーツをiPadで選択するAさん

パーツを受けとり、同じ色の枠の中にのりで貼り付けるBさん

5

カルタゲーム

・友だちが選んだカードの正解・不正解を判定する（読み手）。
・友だちが選んだ言葉を聞いて、同じ言葉のカードを選ぶ（取り手）。

使用アプリ：「ねぇきいて。」
2011　Toriken

(1) ゲーム準備
・読み手と取り手に分かれる。
・読み手はiPadの操作を確認し、取り手はカードを並べる。
(2) ゲーム
・読み手はiPadでとってほしいカードを伝える。カードが少なくなってきた時は、何が残っているか確認する。
・取り手は言葉を聞いて、そのカードを選ぶ。
・読み手は友だちが選んだカードが正解の時は、iPadで「ピンポン」を選んで伝える。

自立活動・国語・算数

学習のねらい	学習活動

支援のポイント その4

カードは10枚ずつ用意し、全部取り終わったら読み手と取り手を交代する。やりとりが増えるようにカードやiPadは子どもたち同士で手渡し、準備をする。

正解して一緒に喜び合うAさんとBさん

6 振り返り
頑張ったことを書く。

・自分が一番頑張ったことをプリントに書き、発表する。

7 終わりのあいさつをする

・iPadを使ってあいさつをする。
「これでグループを終わります。礼」

まとめ

1. 授業づくりの工夫！

・教師側が「どうぞ」「わかりました」と返事をわかりやすくすることで、子どもが言葉が伝わる喜びを感じられるようにする。
・iPad自体が遊び道具とならないように、使用するアプリを1つに限定し、コミュニケーションのツールとしてあつかう。

2. 子どもの学び！

・教師だけではなく、一緒に学んでいる友だちにも伝えられるようになった。
・発語の難しい子どもたちが、言葉を使ってのゲームができるようになった。

3. 他の単元へのつながり！

・日常生活の中でもICTツールを使って自分のやりたいことや気持ちを伝えている。

クラスの授業の中でも、iPadを使って司会係をしたり、振り返りの際に感想を述べたりと活躍の場を増やすことができる。

手元で操作しているiPadを大画面のテレビと連動させることで、まわりの友だちもよく注目するようになる。

（漆畑千帆）

体育

「身体・運動」領域
健康の維持・体力の向上とともに、運動を通して協調性や社会性を育む

領域のねらいと特徴

身体・運動領域では「身体の操作を高め、健康の保持促進と体力の向上を図るとともに、生涯にわたって運動やスポーツを豊かに実践していくための基礎を培う」ことをねらいとしている。この学習領域の特徴は、健康を保ちながら体力の向上を図るとともに、日常生活の中で、すすんで運動しようとする態度や習慣を育てることにある。また、運動を通して協調性や集団のルールといった社会性を育むことを目指している。

項目の構成

本領域は4つの大項目「身体を動かす基礎的な力を高める」「基礎的な運動能力(主に身体感覚や筋力・瞬発力、持久力、行動を調節する体力)を高める」「応用的な運動能力を高める」「運動・スポーツへの関心を高める」で構成されている。単に動きや運動の形態だけでなく、動きとしては見えにくいが運動するために必要な要素や、生涯スポーツに関わっていくための要素をとりいれている。

また、知的障害のある幼児・児童・生徒の運動特性や課題から、中項目に「身体感覚」「操作運動」「コーディネーション」を設けている。「操作運動」は、生活するために必要な動きであり、「コーディネーション」は動きだけの習得を目指すのではなく、道具や状況に応じて動きを考え、形づくり習熟させていくことにも重点を置いている。

身体・運動領域構造図

```
                                    入力              出力
┌─────────────────┐      ┌──────┐   ┌────────────────────┐
│  身体を動かす    │      │身体感覚│   │行動を起こす体力(筋力・瞬発力)│
│  基礎的な力      │      └──────┘   └────────────────────┘
│(動きとして見えにくいもの)│              ┌────────────────────┐
│                  │                    │行動を持続する体力(全身持久力)│
│ 感覚/体力要素・機能│                    └────────────────────┘
└─────────────────┘              ┌────────────────┐ ・姿勢の保持 ・柔軟性
                                  │行動を調節する体力│ ・身体協応・模倣
                                  └────────────────┘

┌─────────────────┐  ┌──────┐   ・転がる、はう ・歩く ・走る
│                  │  │移動運動│   ・またぐ、くぐる ・のぼる、おりる
│   基本運動       │  └──────┘   ・渡る ・跳ぶ
│                  │  ┌──────┐   ・握る、つまむ
│   運動の形態     │  │操作運動│   ・手首をかえす、まわす、ひねる
│                  │  │(手指) │   ・ちぎる、はがす
│                  │  └──────┘
│                  │  ┌──────────┐ ・なわとび ・ラジオ体操 ・自転車 ・水泳
│                  │  │コーディネーション│ ・ボールを打つ、落とす ・ボールを転がす
│                  │  │(道具・状況との協応)│ ・ボールを投げる ・ボールを蹴る ・ボールを受ける
└─────────────────┘  └──────────┘

┌─────────────────┐  ┌──────┐
│   応用運動       │  │集団運動│
│ 組み合わせて発揮できる│  └──────┘
│     場面         │  ┌──────┐
│                  │  │個人運動│
└─────────────────┘  └──────┘

┌─────────────────┐
│ 運動、スポーツへの│
│     関心         │
└─────────────────┘
```

他領域との関係

　身体・運動領域は、健康・体力向上を図ることをねらいとしているが、それだけでなく身体を動かすことを通して社会性を育むことも重視しており、人間関係領域と深く関わっているといえる。さらに、身体・運動領域の「身体感覚」は、身体を動かす基礎的な内容として、情操領域、認知領域と重なるものである。また、「応用運動」の「集団運動」は、コミュニケーション領域の「伝達」、「伝達内容の理解」とも関連がある。そして、身体・運動領域の「運動、スポーツへの関心」は社会生活・進路領域の「余暇の場」へと発展する内容である。このように身体・運動領域の項目は、他領域と密接に関わりながら身に付けていく内容であるといえる。

「身体・運動」領域
健康の維持・体力の向上とともに、運動を通して協調性や社会性を育む

授業づくりのここがポイント！

物を使って動きを引き出す

　身体を動かす基礎的な力を高めるためには、物を使うことも有効である。それにより様々な動きを引き出すことができる。例えば、頭より上に手があがらなかったり、頭上に視線を向けたりすることが難しい児童・生徒には、大きな風船を使用することも有効である。滞空時間が長くゆっくり落ちてくる風船は、よく見て、手を出して打つことができる。

大きな風船に自ら手をのばす。

仲間関係を意識した活動

　友だちとの関係性を育てながら積極的に身体を動かすこと、身体を動かすことの基本を学習し、運動の楽しさを知ることは重要である。特にゲーム性の高い

活動においては仲間関係を構築することを目標としやすい。チーム対抗戦にすることで、仲間と共通の目標をもって活動できる。応援したり、その応援に応えたりすることにより、仲間とのコミュニケーションがよくなる。

タッチで仲間とはげましあう。

生涯にわたってスポーツを楽しめるように

中・高等部では毎年2泊3日でスキー合宿を行っている。合宿では、縦割り活動グループに分かれてスキーや雪遊びなどの雪上活動を楽しむとともに、技能の向上を目指している。また公共施設を利用する中で、社会のルールを身に付け協調性や社会性を学ぶことを目的にしている。

スキー合宿でスキーや雪上活動を楽しむ。

学習内容表 「身体・運動」領域

大項目	中項目	小項目	①	②
I.身体を動かす基礎的な力 情操領域 I-(6)と関連 社会生活・進路領域 II-6-①②③と関連	(1)身体感覚		・体を動かしていることに気づく。	・身体の部位に触れて、触覚を感知する。
	(2)行動を起こす体力 （筋力・瞬発力）		・思うがままに動く。	・重い物を運ぶ。
	(3)行動を持続する体力 （全身持久力）		・みんなと一緒に動き回る。	・歩き続ける（5〜10分）。 ・見えている目標に向かって、走り続ける。
	(4)行動を調節する体力	1.姿勢の保持 （筋持久力・平衡性）	・ふらふらしないで、立っている。 ・椅子に座る。	・様々な姿勢を保持する。 ・動作を止める（静止する）。
		2.柔軟性 （関節可動域）	・背伸びをする。	・関節を動かす（関節に気づく）。
		3.身体協応・模倣	・対称的な模倣をする。	・右手で左側の耳をつかむなど、正中線を交差した模倣をする。
II.基本運動 認知領域 I-1・3・4・12 情操領域 I-6、II-4 と関連	(1)移動運動	1.転がる・はう	・横に転がる。	・よつんばいで前進する。
		2.歩く	・一人で歩く。	・左右や後ろに歩いたり、障害物を避けて歩いたりする。
		3.走る	・地面から両足を離して走る。	・50mを休まずに走る。
		4.またぐ・くぐる	・低いハードルや縄を越える。 ・体を床につけるようにして、低いトンネルをくぐる。	・高低のある障害物をまたいだり、くぐったりする。
		5.のぼる・おりる	・低い巧技台をのぼったりおりたりする。	・階段などを一段ずつ昇降する。
		6.渡る	・幅が広くて低い平均台を渡る。	・援助されて平均台を渡る。
		7.跳ぶ	・その場から、上下や前後へ両足跳びをする。	・両足で線を跳び越える。
	(2)操作運動	1.握る・つまむ	・物を持つ。	・指先で小さい物をつまむ。
		2.手首をかえす・まわす・ひねる	・スプーンを握り持ちする。 ・ドアのノブや蛇口をひねる。	・スプーンをすくい持ちする。 ・ペットボトルを開ける。
		3.ちぎる・はがす	・紙などを握って左右に引っ張る。 ・両手で紙を持ち、前後にちぎる。	・小さい紙をちぎる。 ・牛乳のキャップを開ける。
	(3)コーディネーション （道具・状況との協応）	1.なわとび	・縄をまたぐ。 ・低い縄をまたぐ。	・大人と一緒に、動いている縄をまたぐ、跳ぶ。

体育

原則として、①4～6歳（幼稚部） ②7～9歳（小学部低学年） ③10～12歳（小学部高学年）
④13～15歳（中学部） ⑤16～18歳（高等部）

③	④	⑤	本体・CD収録の単元例
・身体の部位に触れて、触覚を感知する。	・「前へならえ」をする。 ・人との距離感覚を知る。	・人と適切な間隔をとる（集合、整列、解散）。	CD7.小学部（学部）
・重い物を運ぶ。	・中間位の姿勢をする。 ・腹筋をする（10回程度）。	・スポーツをする際に、必要な部分の筋力を使う。	CD20.高等部（3年）
・歩き続ける（5～10分）。 ・見えている目標に向かって、走り続ける。	・一定の時間走り続ける（15分程度）。	・1時間程度歩く。 ・長距離（1500m）を完走する。 ・タイムを意識して走る。 ・エクササイズを継続して（20～30分）行う。	CD1.幼稚部（学部） CD12.高等部（学部）
・様々な姿勢でバランスを保つ。	・気を付けや体育座りの姿勢をする。	・その場に応じた座り方をする。 ・正しい姿勢を維持する。	CD18.中学部 （課題別グループ）
・関節を動かす（関節に気づく）。	・指示された部位を意識する。 ・指示された動きをする。		CD17.高等部（学部）
・片足で立ち、両手を広げた姿勢をとるなど、非対称性の模倣をする。	・ロープを踏み越えて移動するなど、移動しながら左右や上下肢の非対称性模倣をする。 ・連続で動作の模倣をする。		CD19.中学部 （課題別グループ）
・高ばいで前進する。	・連続して横転する。 ・おしりを高く持ち、高ばいをする。	・障害物に合わせて、腰の高さを調節し、はう。	本体12.中学部（学部）
・左右や後ろに歩いたり、障害物を避けて歩いたりする。	・歩幅を合わせて歩く。 ・腕をリズムよく振る。	・集団で歩く。 ・状況に合わせて歩く。	CD14.中学部（学部）
・50mを休まずに走る。	・腕を前後に振って走る。 ・走るスピードを調整する（速く走る、ゆっくり走る）。	・トラックを全力で走る。 ・一定のペースで走る。 ・スタートからゴールまで正しいフォームで走る（前傾、足あげ、足運び、腕の振り）。	CD11.高等部（学部） CD15.中学部（学部）
・障害物の高さに合わせて、跳び越える。	・動きながらくぐる、またぐ。 ・動いている障害物をくぐる、またぐ。	・友だちと一緒に、障害物をまたいだりくぐったりする。	
・階段など左右の足を交互に出し、昇降する。	・不安定な場所でバランスをとりながら、のぼったりおりたりする。		CD5.小学部（学部）
・足を交互に出して平均台を渡る。	・不安定なところ（平均台、JPクッション）をバランスをとって渡る。		CD2.幼稚部（学部）
・片足で踏み切る。	・足をそろえて連続してジャンプする。 ・一定のリズムで前へ跳ぶ。	・連続して一定のリズムで、片足または両足ジャンプをする（ラダートレーニング）。 ・教師の模倣をして、様々なステップをする。	本体11.小学部（学部）
・指先で小さい物をつまむ。	・力のコントロールをしながら、用途に合わせて握ったりつまんだりする。		
・ペットボトルのふたの開閉をする。	・缶のプルトップ（飲み物、缶詰など）を開ける。	・雑巾を絞る。 ・缶切りを使って缶を開ける。	CD9.中学部（学部）
・力の加減を意識しながらちぎる、はがす。 ・お菓子の袋を前後に引っ張って開ける。	・線を意識してちぎる。 ・お菓子の袋を、力を維持したまま左右に開く。	・大きさや形を意識してちぎる。 ・小袋（ソースなど）をちぎって開ける。	
・一人で動いている縄をまたぐ、跳ぶ。	・その場で両足跳びをする。 ・一回旋一跳躍をする。	・一回旋二跳躍をする。	CD10.中学部（学部）

「身体・運動」領域

大項目	中項目	小項目	①	②	
Ⅱ.基本運動 認知領域 Ⅰ-1・3・4・12 情操領域 Ⅰ-6、Ⅱ-4 と関連	(3)コーディネーション (道具・状況との協応)	2.ラジオ体操	・動きを見て模倣する。	・身体各部位を動かす。 ・上下肢や左右で違う動きをする。	
		3.自転車	・三輪車やコンビカーに乗る。	・自転車(補助輪つき)のペダルをこいで前に進む。	
		4.水泳	・浅い水の中で遊ぶ。 ・水の中を歩く。	・水の中で、大人や友だちと遊ぶ。	
		5.ボールを打つ・落とす	・遅いスピードで転がってきたボールを、手で触る。	・バウンドするボールを打つ。	
		6.ボールを転がす	・ボールを手に当て、押し出す。	・両手で転がす。	
		7.ボールを投げる	・ボールを標的に投げたり、手を離して入れたりする。	・的に向かって、いろいろな腕の動きで投げる。	
		8.ボールを蹴る	・止まっているボールを蹴る。 ・片足立ちで蹴る。	・ボールを止めてから蹴る。 ・足を振り上げて蹴る。	
		9.ボールを受ける	・目でボールを追い、手を出す。 ・胸、お腹で抱え込む。	・バウンドさせたボールをとる。 ・手のひらでとる。	
Ⅲ.応用運動	(1)集団運動		・おいかけっこをする。	・鬼ごっこなどをする。	
	(2)個人運動		・サーキット運動などをする。		
Ⅳ.運動・スポーツへの関心			・好きな動きに関心がある。 ・好きな動きがある。	・テレビや会場でスポーツ観戦をする。 ・同じチームや友だちの応援をする(運動会、球技大会など)。 ・好きな運動やダンスがある。	

体育

③	④	⑤	本体・CD収録の単元例
・身体各部位を動かす。 ・上下肢や左右で違う動きをする。	・音楽に合わせて動く。 ・正しい動きをする。		CD4.小学部（学部）
・自転車（補助輪つき）に乗り、障害物を避けて前に進む。	・自転車（補助輪なし）に乗る。	・大人と一緒に一般道で、安全に気を付けて自転車に乗る。	
・補助具を使用して、浮く。	・ビート板を使い、バタ足をする。	・浮き身をする。	
・両手でドリブルをする。	・手で方向を定めて打つ。	・道具を使って方向を定めたり、強弱をつけたりして打つ。	CD8.中学部（学部）
・片手で転がす。	・足を前後に開き、片手で転がす。	・方向や強さをコントロールする。 ・反動を使って、片手で転がす（ボウリング）。	CD3.幼稚部（学部）
・的に向かって、いろいろな腕の動きで投げる。	・足を前後に開き、肩を使って投げる。	・相手（教師や友だち）に向かって投げる（強さや方向のコントロール）。 ・目的や場面に応じて、いろいろな投げ方を選択する。	CD6.小学部（学部）
・ボールを止めてから蹴る。 ・足を振り上げて蹴る。	・ボールをコントロールして蹴る（強さや方向）。	・助走して蹴る。 ・動いているボールを蹴る。	CD13.高等部（学部）
・遅いスピードのボールをとる。	・ボールの動きに合わせ、正面からとる。	・いろいろな大きさや速さのボールをとる。	
・様々なルールのある鬼ごっこなどをする。	・サッカーや風船バレーなどをする。	・キックベースやリレー、タイヤ引きなどをする。	
・サーキット運動などをする。 ・ボウリングなどをする。	・サーキット運動などをする。 ・スキーなどをする。	・フライングディスクやマラソン、スキー、スノーボードなどをする。	CD16.中学部（学部）
・テレビや会場でスポーツ観戦をする。 ・同じチームや友だちの応援をする（運動会、球技大会など）。 ・好きな運動やダンスがある。	・好きなチーム、選手がいる。 ・好きなスポーツがある。		

実践事例 11　「身体・運動」領域

小学部 学部

サーキットをしよう！
～みんなで一緒にいろいろな動きにチャレンジしよう！～

「跳ぶ」を中心に、「渡る」、「のぼる」などの運動技能を習得・習熟できるように、種目にバリエーションをもたせました。また、友だちの前で自分の得意な種目を発表したり、友だちの動きに注目したりして、お互いに認めあえる場面もつくりました。

単元計画

●サーキット …… 8時間

単元目標と学習内容

1 基本的な運動技能（跳ぶ、渡る、のぼるなど）の習得、習熟を図る

●不安定なところを歩く、渡る。
　　　　身体・運動Ⅱ-(1)-6-①〜⑤　渡る

●両足でジャンプする。
　　　　身体・運動Ⅱ-(1)-7-①〜⑤　跳ぶ

●繰り返してサーキットを行う。
　　　　身体・運動Ⅲ-(2)-①〜③　個人運動

2 友だちと一緒に活動する

●できることを積み重ね、新しい動きや苦手な動きにも挑戦する。
　　　　人間関係Ⅴ-2-①〜④　目標にポジティブに向かう姿勢

●友だちと一緒に体を動かす。
　　　　人間関係Ⅵ-2-②③　仲間関係

体育

単元計画の実際　サーキット

	学習のねらい	学習活動
1	整列・始めのあいさつ	・学年ごとに縦隊で並ぶ。そら組（5・6年生）の日直の合図であいさつをする。
2	準備体操 ラジオ体操を行う。	・体操ができるような隊形に、基準の子どもを中心に広がる。 ・教師の示範を見ながら、ラジオ体操をする。
3	サーキット 5つのステーションを順番に回り、それぞれの種目に取組む。	・「ラダー/ミニハードル」「肋木」「JPクッション」「平均台」「フープ」の各ステーションを順番に回る。 ・各ステーションでは、列に並んで一人ずつ順番に取組む。並んでいる時には、友だちの動きを見たり応援したりする。

支援のポイント その1

ラダー/ミニハードル

子どもの実態に応じて、ラダーかミニハードルのどちらかを行う。ラダーでは、両足をそろえてリズムよく跳べるように、声をかける。ミニハードルでは、一つひとつ確実に跳び越えたり、またいだりする。

ラダー/ミニハードル

支援のポイント その2

肋木

子どもの実態に応じて、のぼる高さを変える。タンバリンを下げておき、そこを目標に肋木をのぼり、たたいてからおりてくるようにする。

肋木

129

「身体・運動」領域

単元計画の実際 サーキット

学習のねらい	学習活動

JPクッション

支援のポイント その3

JPクッション

伸縮性のある特殊樹脂で成形された、約10cmの厚さのクッションを使用する。弾力性があり、上に乗るとグラグラと揺れるので、バランス感覚を養える教材である。クッションをまっすぐに並べたコースと、前後左右の幅を不規則に並べたコースを用意し、子どもの実態に応じて取組めるようにする。クッションから落ちないように歩幅を調整して歩く、両足で一つひとつ跳ぶ、片足で跳ぶなど、段階的に取組む。

支援のポイント その4

平均台

幅が約10cmの物と約25cmの物を用意し、子どもの実態に応じてどちらを渡るのかを選ぶ。また、渡る際の歩き方や渡る距離なども、それぞれの子どもに合わせて調整する。必要に応じて教師が手をつなぐなどの支援をするなど、安全に留意する。

平均台

支援のポイント その5

フープ

ゴムチューブ製のフープを使用する。フープの中に着地しながら一つずつ跳んでいく。フープを一つずつ一列に並べたコースと、開閉脚の「けんけんぱ」で跳べるように並べたコースを用意し、子どもの実態に応じて取組む。一つずつ確実に跳ぶようにしたり、両足跳びをしながらフープの配置に合わせて足を開いたり、片足跳びをするなど、段階的に取組む。

フープ

4 発表

・自分の得意な種目をみんなの前で発表して、自信をもつ。
・友だちの発表に注目し、賞賛する。

・各ステーションで、上手にできた人を指名する。指名された子どもは、みんなの前で発表する。
・友だちの発表を見て、上手な動き方を学ぶ。友だちを賞賛する。

	学習のねらい	学習活動
5	整列・終わりのあいさつをする	・学年ごとに縦隊で並ぶ。そら組（5・6年生）の日直の合図であいさつをする。

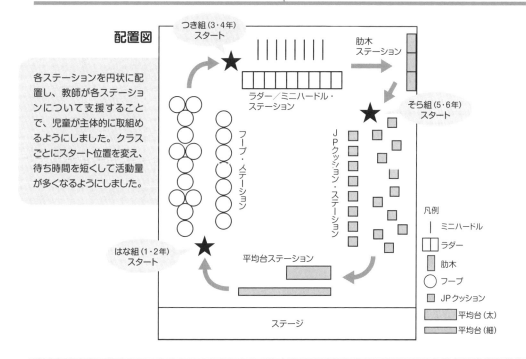

配置図

各ステーションを円状に配置し、教師が各ステーションについて支援することで、児童が主体的に取組めるようにしました。クラスごとにスタート位置を変え、待ち時間を短くして活動量が多くなるようにしました。

まとめ

1. 授業づくりの工夫！

- それぞれの児童の実態に応じて、各ステーションで運動技能を高められるようにした。
- 児童が主体的に授業に取組むことを大切にし、教材・教具の配置や教師の立ち位置を工夫した。
- 児童が安全に授業に取組めるように配慮をした。

2. 子どもの学び！

- 達成感を感じながら、運動技能を高められた。
- 得意な種目に自信をもつことができ、主体的に取組むことができた。
- 友だちや教師の動きを見て、上手にできる姿へのあこがれの気持ちと次の授業への目標をもてるようになった。

3. 他の単元へのつながり！

- 体の動かし方を広げることで、運動への興味関心が深まる。
- ボールを使ったゲームなど、基礎的な動きを応用して取組む運動につなげている。

（飯島啓太、若井広太郎、佐藤知洋、安達敬子、根岸由香、田上幸太、伊藤かおり、森 芸恵、田口悦津子）

実践事例 12

「身体・運動」領域

中学部学部

朝の運動（マラソン・サーキット）
～いろいろな身体の動きを獲得しよう！～

マラソンやサーキットを行うことにより、日常生活での姿勢や歩行が安定したり、余暇活動の基盤となる基礎運動を獲得したりしてもらいたいと思っています。

単元計画

- マラソン …… 週2時間（水・金曜日各1時間）
- サーキット …… 週2時間（火・木曜日各1時間）　単元計画の実際→

単元目標と学習内容

1 正しいラジオ体操のやり方を身に付け、将来の社会生活でも活用できるようにする

- 模範の生徒が前に出てみんなでラジオ体操を行う。
  身体・運動Ⅱ-(3)-2-①〜⑤　ラジオ体操

2 有酸素運動を一定時間継続して行うことにより、運動量を確保し、肥満の解消、持久力の向上を図る

- 校舎のまわりを止まらないように走る。
  身体・運動Ⅰ-(3)-②〜④　行動を持続する体力

3 基礎的で多様な運動を通して調整力、協調性、平衡性、筋力を高める

- 4つのステーションを個々の生徒が巡ってそれぞれの種目を行う。
  身体・運動Ⅲ-(2)-①〜③　個人運動
- 不安定なJPクッションや平均台の上で片足立ちや歩行を行う。
  身体・運動Ⅰ-(4)-1-②③　姿勢の保持
- 手足型に手・足を合わせて高ばいで前進する。
  身体・運動Ⅱ-(1)-1-②③　転がる・はう

体育

単元計画の実際　サーキット

学習のねらい	学習活動
1　教材を準備する ・教材の準備と片づけは生徒が中心となって行い、重い教材は協力して運ぶ。	・マラソンの場合はカラーコーンを運ぶ。 ・サーキットの場合はサーキットの道具を運ぶ。重かったり大きかったりする教材は協力して運ぶ。
2　準備運動をする ・模範の生徒が前に出てみんなでラジオ体操を行う。	・体操ができるように広がってラジオ体操をする。模範となる生徒が前に出て体操を行い、その生徒を見ながら体操する。
3　サーキットを行う ・4つのステーションを個々の生徒が巡ってそれぞれの種目を行う。	・「タイヤステーション」「腹筋・スクワットステーション」「手足ステーション」「バランスステーション」の4つのステーションを巡る。

支援のポイント その1

タイヤ押し引き（タイヤステーション）

古タイヤに穴を開け、その穴に棒を通して数個のタイヤを固定して、ロープを結わえた教材を、引いたり押したりする種目である。ポイントは以下の通り。
・引く時に足は足型マットの上に置き、中腰を意識して両手で交互にロープをたぐり寄せる。
・押す時は、ひざをつかず、腰が高くならないよう中間位を保つ。腕を使わず、脚を使って押す。

この種目ができるようになると重い物を運ぶ時に腰をしっかりと落とせるようになるよ！　机や椅子を運ぶのも楽々だよ。

支援のポイント その2

だんだんバー（手足ステーション①）

バドミントンのネットの支柱に洗濯用ロープを渡して、ステンレスのポールを等間隔につり下げ、床から約20cmの高さにゴム製のロープを渡した教材である。生徒は、ポールに当たらないように前進する。段階的なポイントは以下の通り。
①ポールに当たらないようジグザグに前進する。
②下に張ったゴムをまたぐ。
③中間位で横移動する。

前後上下を意識しながら移動するから、自分の身のまわりの距離感がつかめて、混雑した電車内でまわりに注意を払いながら乗れるようになるよ。

「身体・運動」領域

単元計画の実際 サーキット

学習のねらい	学習活動

支援のポイント その3

手足型（手足ステーション②）

プラスチックの板に100円ショップにあるスポンジを手型、足型にきりとり、貼り付けた教材である。この手型、足型に手、足を合わせて進む種目である。段階的なポイントは以下の通り。
①手型に合わせて手を運ぶ。
②手型、足型に合わせて手と足を運ぶ。
③手足型に合わせて高ばいになって前進する。

これができるようになると、雑巾がけが上手になるよ！

支援のポイント その4

JPクッション（バランスステーション）

伸縮性のある特殊樹脂が立体網状構造に成形された約10cmの厚さのクッションである。弾力性も動揺性もあり、適度にグラグラと揺れるこのクッションを1枚もしくは2枚重ねた上を歩く種目である。段階的なポイントは以下の通り。
①JPクッションから落ちないように歩く。
②片足立ちをする。
③大きな声で5秒数えながら片足立ちをする。
④視線はまっすぐ前に向ける。

バランスをとることが上手になって、歩行が安定してくるよ。登山で足下が多少不安定なところでも歩くのがへっちゃらになるよ。

4 がんばり賞の発表を行う

・各ステーションで頑張った生徒を発表し、みんなの前でその種目を行う。発表を行った生徒は担当の生徒よりメダルをもらう。

5 シール交換と本物メダルの授与を行う

・がんばり賞をもらった生徒は首にかけているメダルとシールを交換し、チェック表にシールを貼る。シールが10枚貯まったら記念品のメダルをゲットできる。

体育

配置図

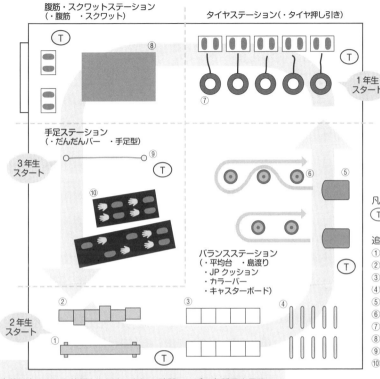

生徒は各スタート位置からスタートし、時間いっぱい各種目を回る。
各ステーションを教師が1名ずつ担当し、生徒の支援や助言を行う。

まとめ

1. 授業づくりの工夫！

・生徒が主体的にサーキットに取組めることを視点に、①教師の配置、②種目の精選・配置、③待機場所の明確化、④各ステーションの達成マグネット、⑤自己選択できる教材の準備、を工夫した。

2. 子どもの学び！

・日常生活において、歩行のバランスがよくなった。
・立位や座位の姿勢がよくなった。
・陸上大会の記録が個々に向上している。
・校外学習で行う登山の歩みが力強く、バランスがよくなってきた。

3. 他の単元へのつながり！

・基本運動の力を高め、応用運動へと発展させている。体育の他単元にある風船ゴルフやフライングディスクなど、さらにはスキー合宿に生かされている。

（阿部 崇、髙津 梓、工藤傑史、漆畑千帆、杉田葉子、佐野友信、中村 晋）

図画工作・音楽

「情操」領域
感性を磨いて自己表現力を育み、心を豊かにする

領域のねらいと特徴

　情操領域では、「自然・文化的な活動を通して感覚を活性化し、感性を磨くことで、自分を表現する力を育み、心を豊かにする」ことをねらいとしている。「心を豊かにする」というねらいは、情緒の安定を図ること、自己肯定感や向上心をもつこと、セルフコントロール、自他の関係性の理解、道徳心などを育てることを含めて考えている。

　情操領域には内面的な内容が多く含まれており、他の領域と比べると評価しにくい内容ではあるが、「自ら表現する力を育てる」には「感覚を活性化」して「心を豊かに」することが大切であると考える。また、教科的な内容の前段階となる基礎的な内容をあつかうことも重要であることから、「感覚」の項目を設定した。

項目の構成

　感覚を活性化することは、どの段階でも必要であり、「感覚」の項目は様々な授業の中で活用できると思われる。「学習内容表」の横軸の段階には、「気づく」「受け入れる」「反応」「変化の受け止め」として発達の視点を記し、内容は主に授業であつかっていることを精選して示した。一方、「音楽的な内容」「造形的な内容」「自然・環境・文化的な内容」は、生活年齢を考慮した段階になっている。

情操領域の4つの大項目と他領域の関係

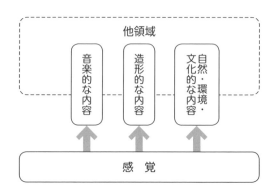

他領域との関係

情操領域は、他の領域すべてに関係し、すべての活動の根幹となると考えられる。「感覚」は、人間性、思考、人の中で人が育つことなど、すべての学習の基礎となる。

「音楽的な内容」は、音楽活動を通して社会性を育てることを重視しているため、人間関係領域と深く関わっている。また、身体表現や楽器の操作などが身体・運動領域と、好きな音楽を生活の中にとりいれる、自らコンサートに行くなどの側面が社会生活・進路領域と関連している。

「造形的な内容」は、認知領域の基礎的な部分と深く関わっている。また、試行錯誤を伴った操作を多く含むため、身体・運動領域と関連があり、自分を表現するという点では人間関係領域とも関連している。さらに、生活領域の中の社会との関わりと重なる内容を含む。

「自然・環境・文化的な内容」は、生活領域と重なる内容を含む。

情操領域の項目は、様々な段階でとりあげ、他領域とも組み合わせることで効果的な学習ができると考える。

授業づくりのここがポイント！

心地よい、楽しい経験を積み重ね、感覚の活性化や自発的な表現活動を促す

「やってみよう」という気持ちを育み、自発的な取組みにつなげること、また初めて出会う、あるいは苦手だった音や素材なども自ら前向きに受け止められるようになることを目指す。

音楽では、音・音楽に気づき音楽の経験を豊かにしながら、自分なりに表現し楽しむことを目指す。発散、リラックスなど、子どもの気分や集団の状況に同調した音・音楽の活用、曲や曲調の選択、アレンジを行う。

造形では、素材の色や形、感触、操作と結果の関係（素材の変化）などに気づけるよう、素材に

絵の具に触れ、感触を楽しむ。また、手や足を使って色を塗る。

「情操」領域
感性を磨いて自己表現力を育み、心を豊かにする

手足や体で直接触れる経験を積むようにする。また、遊びや素朴な自己表現の中に見られる、表現する行為自体を制作や作品の一部、芸術として認め、のびのびと表現する意欲を育てる。例えば、絵の具に全身で触れて感触を楽しみ、それを自由に塗り表現したり、紙と水をミキサーにかけパルプになる過程を、見たり触ったりして変化を確かめたりする。

表現する力、鑑賞する力を伸ばし自己肯定感を育み、他者へ還元する

楽器の操作、体を揺らす、手話、素材に触る、ちぎるといった行為など、その子どもなりの表現は人から評価されやすい。そこで自己肯定感や意欲を高め、新しい表現方法を学習し、また自ら表現していくというよい循環をつくる。さらに、他校の児童生徒との合同演奏発表、地域の福祉施設でのコンサート、卒業生へのプレゼント作り、校外の作品展への出品など、他者を意識した演奏や制作を行い、人に貢献して認められることへと発展させる。

音楽では、音の変化や違いに合わせた表現、楽器などの具体物を使った表現から、表現を工夫し曲のイメージに合う抽象的な表現をすることへと、質を高めていく。そのために、リズムやテンポの異なる音や音楽、世界の音楽、教師の生演奏などを聴く経験を重ねる、曲と楽器の対応を明確にする、題材や歌詞の意味を一緒に考えるなどする。

開校以来50年近く、大塚祭のオープニングは高等部が花笠音頭で盛り上げている。「音頭」を聴き、全員がそれに合わせることなどを学ぶ。

造形では、多くの素材・題材での制作を経験し、視覚や触覚、手指の巧緻性の発達、操作スキル、自分の思いやイメージを表現するスキルの向上を目指す。そこで、操作や技法の学習、行為（目的）をたやすくするための道具の活用、その子の困っていることを解決に導く言葉かけ、発達や課題に応じた工程の長さ（見通し）や難度の設定などをする。また、様々な作品を観て表現や技法の違いに気づき、作品の意図と造形要素との関連、美しさ、おもしろさ（例：リズム、バランス）を感じとる経験を積む。

活動を楽しみながら　やりとり、協力、協働を経験し、社会性を育む

音楽では、楽器を一緒に操作する、音を聞いて受け止める、聞いて表現することなどを通して人への意識、やりとりなどの社会性のベースを築く。目標とする行動（例：手をつなぐ、約束を守る）を歌にしたオリジナルソングも活用する。また、発表に向けた音楽活動などで、仲間意識、役割の理解、協力する姿勢を育てる。

造形では、道具を譲りあう、一つの作品をみんなで作るといった機会を設ける。また、友だち同士で作品のよいところを伝えあうなどして、お互いの表現のよさや違いに気づかせる。あわせて、鑑賞の態度（例：座る、拍手する）も身に付けられるようにする。

「本物の」自然や文化、表現に触れ、心を豊かにする

様々な演奏や作品、人形劇などを鑑賞する。また、校外学習で動物園、植物園、史跡などに行き、動植物や季節の自然、歴史的建造物の雰囲気や価値に触れ、親しむ。こういった経験は、人と一緒に楽しむこと、価値観の共有、多様な文化や人を知り受け入れることにつながる。

アメリカからの研修生を迎え、音楽などの授業で一緒に活動したり、ダンスを教えてもらったりした。

学習内容表 「情操」領域

大項目	小項目	①	②
I.感覚 （認知領域I、 身体運動領域I、IIと関連）	1.聴覚	・音や音楽に気づく。	・日常的な音や自然の音を受け入れる。 ・身のまわりの音や合図の音を知る。
	2.視覚	・色や形に気づく。	・様々な色があることを知る。 ・色彩の変化を楽しむ。
	3.触覚	・様々な素材に手や足で触れる。	・素材の心地よさを感じる。 ・歌を伴うふれあい遊びを楽しむ。 ・楽器の素材感を感じる。 ・様々な素材や作品に触れる。
	4.嗅覚・味覚	・よいにおいに気づく。	・様々な味を経験する。
	5.温度感覚	・温かい、冷たいに気づく。 ・材料による温かい、冷たいに気づく（水・石・木・金属など）。	・温かい、冷たい、暑い、寒いを経験する。 ・温かいもの、冷たいものを食べたり飲んだりする経験をする。
	6.運動感覚	・自分の体が揺らされているのがわかる。 ・体を伸ばす、縮めるなどを体感する。	・揺れなどを心地よいと感じる。 ・体を動かしたり脱力したりすると心地よいことを感じる。
	7.筋感覚	・素材や道具や楽器があることに気づく。 ・自分で操作することに気づく。	・用具や素材に親しむ。 ・様々な用具や素材に親しむ、慣れる。
II.音楽的な内容	1.聴く	・知っている曲や好きな曲が始まると喜んで聴く。	・大人や友だちの歌や演奏を喜んで聴く。 ・聴きたい音楽を選ぶ。
		・身近な人の声や、音の出るものに興味を示す。	・身の周りの音や、合図としての音がわかる。 ・音楽の始まりと終わり、休みがわかる。
	2.歌う	・音楽が聞こえたら、声を出そうとする。	・発音しやすいところでは、声を出す。
	3.演奏	・音楽を聴いて、手や身体を揺らす。 ・音の出る物を自由にたたく。	・音楽が流れると、楽器を自由に鳴らし、表現する。
		・身近にある楽器や音に興味を示す。	・身近にある楽器で簡単なリズムをたたく。
	4.身体表現	・手遊び等で特徴的な動きをまねる。	・音楽に合わせて、大人の動きを見ながら動きをつける。

図画工作・音楽

原則として、①4～6歳(幼稚部)　②7～9歳(小学部低学年)　③10～12歳(小学部高学年)
④13～15歳(中学部)　⑤16～18歳(高等部)

③	④	⑤	本体・CD収録の単元例
・音や音楽に誘発された発声、あるいは身体運動をする。	・曲の始まりと、終わりを知る。 ・音や音楽の緩急、高低、強弱、長短、楽器の音色の違いを知る。	・曲想を感じとる。 ・自然の音の変化に気づく。	本体13.幼稚部(学部)
・好きな色を見つける。 ・色の名前を知る。 ・様々な色を使う。	・素材の変化を楽しむ。 ・簡単な色のマッチングをする。 ・自分の写っている写真や好きな写真を選ぶ。 ・色の変化を知る。	・意図的に目的に合った色や素材を探して使う。 ・楽譜や楽器などをしっかり見る。	CD6.小学部 　　　(課題別グループ) CD11.中学部(2年)
・感触を楽しむ。 ・ちぎる、つぶす、こすりつけるなどの行為を経験する。 ・自分から楽器を手にとる。	・手遊び歌を楽しむ。 ・粘土などのあつかい方に慣れる(ちぎる・まるめる・重ねる)。 ・形の変化を知る。	・粘土などを使って目的に合わせて形を作る。 ・触って確かめながら楽器を演奏する。	CD1.幼稚部(学部) CD12.中学部(3年) CD14.高等部(3年) CD4.小学部 　　　(課題別グループ)
・おいしいものを食べておいしいと表現する。	・においによって季節や時間を感じる。	・においや味を確かめながら、調理をする。	
・温かい、冷たい、暑い、寒いを知り表現する。	・暑い、寒いなどの季節や天候の変化を感じる。	・季節や天候の変化を感じ、調節しようとする。	CD13.中学部(3年)
・大人や友だちと一緒に回ったり、揺れたりする。 ・大人や友だちと一緒に手足を曲げたり伸ばしたりする。	・自ら意識して、関節を曲げたり伸ばす。 ・自ら意識して、力を入れたり、抜いたりする。 ・自ら動くことと、動かされることの違いを感じる。	・動きを調節して体を動かす。	CD21.幼稚部(学部)
・手で持って操作する。	・よく見て手の動きを調節する。	・簡単な道具を使う。 ・目的に合った素材や道具、楽器を選び、用途に応じて使う。	CD10.小学部(5・6年)
・身の周りの様々な音楽に興味を示して聴く。 ・聴きたい音楽を選び、伝える。	・様々なジャンルの音楽に関心を示し、楽しんで聴く。 ・自分で音楽機器を操作して聴きたい音楽を聴く。	・様々な生活場面で聴きたい音楽を自分で選んで聴く。 ・聴きたい音楽を自分で入手し、活用する。	CD19.幼稚部(学部)
・楽器の音と身近な音を区別して聞く。 ・音楽の中の音の大小や速い、遅いがわかる。	・様々な楽器の音の違いがわかる。 ・音楽の中の速さやリズムの変化がわかる。	・音楽を聴いて、曲想の変化がわかる。 ・音の変化がわかる(高低、強弱、長短)。	
・部分的ではあるが、それらしい歌詞で歌う。	・大部分の歌詞を歌う。 ・曲の始まりと終わりを意識して歌う。	・全体の流れに乗って、曲想や歌詞を意識して歌う。 ・歌える歌のレパートリーを広げる。	CD24.小学部(5・6年) 本体16.中学部(学部)
・相手の音に合わせて楽器を鳴らし、表現する。	・相手のリズム打ちをまねて打ったり、呼応したりする。	・一つの曲としてまとめてみんなで表現する。	CD22.小学部(1・2年)
・楽器の名前がわかり、リズムに合わせてたたく(カスタネット、鈴、タンバリン、太鼓)。	・楽器の名前と奏法がわかり、鳴らして表現する(木琴、鍵盤ハーモニカ)。	・曲の流れがわかり、自分のパートを演奏する。 ・好きな楽器や演奏できる楽器を増やす。	CD23.小学部(3・4年) 本体14.小学部(学部)
・音楽の速度に合わせて、身体を動かす。	・音楽の速度、強弱、高低に合わせて身体を動かす。	・音楽を聴き、感じたことを動いて表現する。	CD20.幼稚部(学部)

「情操」領域

大項目	小項目		①	②
Ⅱ.音楽的な内容	5.総合表現		・好きな音楽をたくさん増やす。	・自分の番がわかり演奏する。
	6.鑑賞		・大人と一緒に鑑賞する。	・好きな音楽を自ら聴く。
Ⅲ.造形的な内容	(1)平面的な表現 *平面的な表現から立体的な表現へもつながる。	1.描画 (描くスキル)	・点、線、面を錯画する。	・意味づけされた錯画をする。
		2.描画 (形の表現)	・点、直線、曲線の違いを意識する。	・円、三角、四角を描く。
		3.描画 (色彩の表現)	・好きな色を使う。	・いくつかの色を使う。
		4.版画 (紙・ゴム・木・石・アクリル・銅版・亜鉛版・シルク・スタンプ・ローラー・レインボー版画)	・スポンジスタンプやローラー版画などをする。	・実物版画やスタンプなどをする。
	(2)立体的な表現	1.彫刻／モデリング(粘土) *作り方…付けたり取ったりして作る。	・押したり、つまんだり、ちぎったり、伸ばしたり、くっつけたりする。	・ヘラを使って切ったり丸めたりする。 ・べたべたを嫌がらないで触る。
		2.彫刻／カービング(木彫、石彫) *作り方…削って作る。		
		3.立体(集合) *作り方…パーツを組み合わせて作る。	・平面や立体に様々な材料を貼り付ける。	・様々な材料を並べたり、積み上げたり、壊したりする。
	(3)造形遊び	1.材料遊び	・紙、絵の具、粘土、木、石、金属、箔(アルミなど)、ゴム、粉類、シリコン、石膏、風船、シャボン玉、のり、バルサ、スチロール、石鹸、ロウ、針金、モール、網(金属、樹脂など)、シール、スポンジ、セロハンテープ、ガムテープ、砂、布、水、ヒモなどを使って行為や現象を楽しむ。	
		2.用具遊び	・ハサミ、ペンチ、鋸、スポイト、ストロー、ポンプ、コピー機、霧吹き、ホチキス、ローラー、鎖、バネ、スタンプなどを使って行為や現象を楽しむ。	
	(4)工芸的な表現	1.工芸 (染色・金属・木・ガラス・織物・焼き物等) *使えるもの、付加価値や使用目的があるもの。	・簡単な加工をして、目的に合わせてものを作る(サンタの靴下など)。	・簡単な2〜3工程の加工をして、目的に合わせてものを作る。
	(5)鑑賞		・大人と一緒に作品を見る。	・好きな作品を自ら見る。

図画工作・音楽

③	④	⑤	本体・CD収録の単元例
・相手を意識して演奏する。	・自分の演奏を聴いてもらう喜びを知る。	・カラオケなどで好きな歌を歌う。 ・コンサート活動などに参加し演奏する。 ・聞き手と交流して共感する。	CD25.中学部（学部） CD27.高等部（学部） CD28.高等部（学部）
・様々な音楽を聴く。	・好きな曲と嫌いな曲を選ぶ。 ・鑑賞の機会をもつ。	・自分なりの感想を加えて、曲を分類する。 ・マナーなどを心得て鑑賞する。	CD26.中学部（学部）
・イメージの置きかえや再現をする。	・絵のレイアウトや物の形を意識して描く。	・奥行きなどを意識した表現をする。	CD9.小学部（3・4年） CD15.高等部（縦割りグループ）
・円、三角、四角、曲線を描く。	・具体物の形や配置を意識して描く。	・構成、遠近、陰影を付けて描く。	CD5.小学部 　　（課題別グループ）
・いくつかの色の名前を言ったり、選んだりする。	・好きな色を選んで使う（12色程度）。	・目的に合わせて色を使う。	CD16.高等部 　　（縦割りグループ）
・紙版画、レインボー版画、スチレン版画などをする。	・木版画、ドライポイント、エッチング（*）などをする。	・木版画、リトグラフ、シルクスクリーンなどをする。	CD2.幼稚部（学部）
・形を見立てて作る。 ・簡単な道具を使って加工する。	・心棒を使った制作をする。 ・素材の性質を考えてあつかう。	・フォルムやマッス（量）を考えて作品を作る。	CD7.小学部 　　（課題別グループ） CD8.小学部（1・2年）
・野菜や消しゴムなどに道具を使って彫る。 ・三角刀などを経験する。	・木彫（丸刀）、石彫、ロウなどを彫る。 ・作りたいものの形をイメージして彫る。	・木彫（切り出し）、石彫、ロウなどを彫る。 ・できあがりの形をイメージして彫る。	
・材料をつなげたり、組み立てたりする。	・イメージをもって材料を組み立てる。	・コンポジション（*）を考えてパーツの構成をする。	CD18.高等部 　　（縦割りグループ）
	・紙、絵の具、粘土、木、石、金属、箔（アルミなど）、ゴム、粉類、シリコン、石膏、風船、シャボン玉、のり、バルサ、スチロール、石鹸、ロウ、針金、モール、網（金属、樹脂など）、シール、スポンジ、セロハンテープ、ガムテープ、砂、布、水、ヒモなどを使って行為や現象を楽しむ。		CD3.幼稚部（学部）
	・ハサミ、ペンチ、鋸、スポイト、ストロー、ポンプ、コピー機、霧吹き、ホチキス、ローラー、鎖、バネ、スタンプなどを使って行為や現象を楽しむ。		本体15.小学部 　　（縦割りグループ）
・簡単な加工手順にそって、目的に合わせて制作する。	・加工用の工具を使って材料を加工する。	・加工用の電動工具などを安全に使って加工する。 ・材料や使途に応じたスキルを使って制作する。	
・様々な作品を見る。	・好きな作品と嫌いな作品を選ぶ。 ・鑑賞の機会をもつ。 ・好きな作品をスケッチする。	・自分なりの感想を加えて、作品を分類する。 ・マナーなどを心得て鑑賞する。 ・様々な作品を見て表現方法を知ったり、感想を言ったりする。	CD17.高等部 　　（縦割りグループ）

*ドライポイント…銅版などの表面をとがったもので傷つけて印刷する方法。　エッチング…薬品の腐食作用を利用した印刷方法。
*コンポジション…構成、配置などの美的要素を考慮すること。

「情操」領域

大項目	小項目	①	②	
Ⅳ.自然・環境・文化的な内容 （生活領域Ⅳと関連）	1.演劇・映画	・紙芝居や指人形などを見る。	・人形劇などを観に行く。	
	2.図書	・絵本を読んでもらう。	・絵本や好きな本に興味を示す。	
	3.動物	・身近な生き物を見たり、触ったりする。	・動物園・牧場・公園などで遊ぶ。	
	4.植物	・身近な草花を見たり、触ったりする。	・草花に関心をもつ。	
	5.天候・自然環境	・晴れ、雨がわかる。	・寒い、暑いに気づく。	
	6.歴史建造物・文化遺産・建造物・乗り物			
	7.写真	・写真を見る。 ・親子で見て、楽しいことを共有する。	・好きな写真を見る。	
	8.メディア	・好きなメディアを見る。	・好きなメディアを選ぶ。	

図画工作・音楽

	③	④	⑤	本体・CD収録の単元例
	・劇遊びをする。	・簡単な劇をする。 ・演劇や映画を鑑賞する。	・簡単な劇をしたり、発表したりする。 ・様々なジャンルの演劇や映画を鑑賞する。	
	・絵本や好きな本を見る。	・絵本や好きな本が読める。	・様々な本が読める。 ・ストーリーがわかる。 ・登場人物の感情がわかる。	
	・身近な動物に関心をもつ。	・身近な動物に関心をもち、愛護の気持ちをもつ。	・身近な動物の世話をする。 ・動物を大切にする。	
	・草花に関心をもち、水などをあげる。 ・草花を育てる。	・草花の名前を知る。 ・栽培をする。 ・観察記録をつける。	・季節の草花に興味をもち、名前がわかる。 ・栽培を通して成長を喜ぶことができる。 ・草花の成長や変化がわかる。 ・自ら水を取り替えたり、世話をしたりする。	
	・天気の違いを知る。	・冬は寒く、夏は暑いなどの季節の特徴を知る。 ・環境に関心をもち、適切な行動をする。	・四季を感じとる。 ・環境を大切にし、自ら働きかける。	
	・連れて行ってもらう機会をもつ。	・建造物、仏像、美術品などをたくさん見る。	・施設や建造物などがたくさんあることを知り、価値観を広げる。 ・関心をもったものを選んで、自ら見に行く。	
	・好きな写真を見て、思い出したり意欲をもったりする。	・カメラの操作に慣れて好きなものを撮る。 ・写真を見て思い出を振り返り、気持ちを表現する。	・好きなものを撮ってコレクションする。 ・コレクションを共有して楽しむ。 ・写真を見て思い出を振り返り、伝えたり共有したりする。	
	・好きなメディアを選び、自分で再生する。 ・自分の体験した記録などを見る。	・様々なメディアから好きなものを選ぶ。 ・様々な媒体があることを知る。 ・自分が体験した記録などを振り返る。 ・パソコンなどでバーチャル体験をする。	・レンタルショップを利用したり、ダウンロードしたりして楽しむ。 ・メディアを見ることで思い出を振り返ったり、はげみにしたりする。	

実践事例 **13** 「情操」領域

幼稚部
学部

みつけた！たのしいともだち・すてきなおと
～音の活動を通して集団意識を高めよう～

音を通した活動を行ううちに、身近な大人や友だちへの意識が自然と高まり、集団活動が楽しくなっていくことを期待して設定しています。通年で行うため、同じ設定で行い見通しをもちやすくすることと、季節の歌などをとりいれることに気を付けています。

単元計画

● みつけた！　たのしいともだち・すてきなおと …… 14時間

単元目標と学習内容

1 身近な教師や友だちを意識して、楽しく活動に参加する

● 教師と活動することを楽しむ。
　　　　　　　　　　　　　　　　　　　　　人間関係 I-1-①② 　愛着・信頼

● 集団活動の楽しさに気づく。
　　　　　　　　　　　　　　　　　　　　　人間関係 Ⅵ-2-① 　仲間関係

2 友だちと共同して活動に取組む

● できる、わかる、楽しいという感覚をもつ。
　　　　　　　　　　　　　　　人間関係 Ⅴ-2-①② 　目標にポジティブに向かう姿勢

3 音のおもしろさに気づき、進んで活動する

● 音の始まりと終わりを知る。
　　　　　　　　　　　　　　　　　　　　　情操 I-1-①～④ 　聴覚

図画工作・音楽

単元計画の実際 みつけた！ たのしいともだち・すてきなおと

	学習のねらい	学習活動
1	始めのあいさつ	・前にいる友だちや教師に注目できるように姿勢を正す。 「これからリズムを始めます」
2	活動の内容を知る	・写真カードを見て、本時の内容を知る。
3	本時の活動を行う ・教師の見本を見て、同じ活動をする。 ・リズムの違いや速さを聞き分けて、それぞれで異なる足の動きになるようにする。 ・足踏みをしたり、両足をそろえたり、手の動きをつけたりする。	(1) リズム 　電子ピアノのリズムに合わせて、足踏みでリズムを表現する。

支援のポイント その1

目的：模倣・リズムを感じる・表現する

活動の導入なので、体を動かして、これから始まる音の世界に入ってこられるようにする。教師の見本に注目できるよう、着席したまま行う。体の一部（足）を重点的に動かす。体育のウォーミングアップにもつながる。

「せーの」など声かけをして、一体感を楽しむ。足の動きに注目できるよう大きく動かす。

(2) ドレミを歩こう
・音の出るマットを並べ、スタートからゴールまで音を出しながら歩く。
・マットを意識し友だちの後ろに1列に並ぶ。

支援のポイント その2

目的：始めと終わりの意識・順番の理解

ゴールには教師がいて、ハイタッチをする。ゴールの達成感を共有する。
足元をよく見て歩く、踏みしめて歩く経験になる。往路だけではなく、復路も用意し、戻る必然性をつくる。復路のゴールには簡単に鳴らせる楽器（ツリーチャイム）を置く。

「情操」領域

単元計画の実際 みつけた！ たのしいともだち・すてきなおと

学習のねらい	学習活動
	(3) タンバリンリズム ・「こぶたたぬききつねねこ」の歌に合わせてタンバリンを2回ずつたたく。 ・リード役の教師が出したタンバリンの場所をよく見てたたく。

支援のポイント その3

目的：リズムの表現・相手をよく見る

リード役の教師はタンバリンを2つ持ち、両手の位置を考えながらたたけるようにする。右手と左手が同じ高さだとたたきやすいが、上下、斜めにして難易度を上げる。歌に合わせているので2回ずつたたきやすい。慣れてきたら友だち同士で行う。

(4) きせつのうた・てあそび・わらべうた・慣れ親しんだ楽器
　　春の例：もぐらのトンネル・おちゃをのみにきてください
　　夏の例：ふうせんふわふわ
　　秋の例：鈴虫の電話・おばけのパーティー
　　冬の例：クリスマスソング・卒業式の歌

支援のポイント その4

他のプログラムは変えずに授業を行うが、この内容だけはお楽しみの要素をとりいれている。
季節感や、幼児同士のやりとりが起こりやすい内容をあつかう。
季節がわかりやすいように視覚的な教材（イラストやパネルシアター）を提示したり、帽子やマントなど衣装も用意すると、曲を想起しやすい。

(5) たまごマラカス
　・たまごマラカスの小さな音を耳元で感じる。
　・坂道を転がるたまごに注目する。
　・たまごでできる料理の絵を選び、歌に組み込む。

図画工作・音楽

学習のねらい	学習活動
支援のポイント その5 目的：歌の世界に参加する マラカスが坂道を転がってなくなる様子を見る。 歌に合わせて手から離すことになるので、楽器が好きで離したくない子どもも自然と片づけにつながる。 自分が選んだ絵が歌詞になる。歌詞を作ることに参加できていることを意識したい。	
④ 終わりのあいさつをする	・姿勢を正し、前にいる教師や友だちに注目する。 「これでリズムを終わります」

配置図（教室）

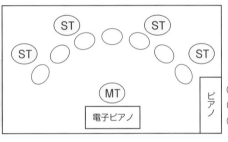

幼児の椅子を扇形に配置し、椅子の前でダンスなどができるようにMTと間隔を広くとる。

凡例
- MT メインティーチャー
- ST サブティーチャー1〜4
- ○ 幼児

まとめ

1. 授業づくりの工夫！

- 音を媒介にして集団活動につながっていく。
- できたことを友だちや教師と共有できる。
- 音楽の基礎に自然と触れられる。
- 1つの楽器や道具は1つの動きや歌に限定することから始める。

自由遊び場面で教科の教材を使って遊ぶ。

2. 子どもの学び！

- リズムを聞いた時の体の動かし方がわかるようになった。
- 手遊びで自然と相手に手が差し出せるようになった。
- 季節の行事を楽しめるようになった。

3. 他の単元へのつながり！

- 毎日のあつまりや遊びの中で歌のレパートリーが広がる。
- あそびの時間など日常生活の中で友だちと遊ぶきっかけができる。

手遊び楽しいね。

（小笠原志乃、大蔵みどり、田盛信寿、仲野みこ、福谷憲司）

実践事例 14 「情操」領域

小学部 学部

歌おう！ 踊ろう！
みんな一緒に世界のリズム♪
~リズムに乗って豊かな関わりを学ぼう！~

音・音楽をよく聴き、曲調を感じとって合わせて歌う、揺れる、踊る、楽器演奏、鑑賞など、全身を使って、様々な経験をしてほしいと考えました。教師や友だちと一緒に、具体物を操作し、楽しく豊かに関わることを目指して題材を工夫しました。

※使用曲は「根岸由香のつながる音楽」あおぞら音楽社　参照

単元計画

- いろんな国の音楽に触れよう！ …… 通年実施
- いろんな楽器の音を聴こう！ …… 通年実施
- 音楽をよく聴いて、友だちと一緒に表現しよう！ …… 通年実施　　単元計画の実際→

※毎回これらの内容を組み合わせ、ルーティンで通年実施。

単元目標と学習内容

1 まわりの音をよく聴き、曲調を感じて合わせて表現する

- 音楽が流れると楽器を自由に鳴らし表現する。
  情操 Ⅱ-3-②　演奏
- 音楽の速度に合わせて身体を動かす。
  情操 Ⅱ-4-③　身体表現

2 友だちの様子をよく見て、一緒に楽しく活動する

- 他者と同じ活動を行う。集団活動の楽しさを知る。
  人間関係 Ⅵ-2-①　仲間関係
- 対称的な模倣をする。
  身体・運動 Ⅰ-(4)-3-①　身体協応・模倣

3 自分の役割を果たす

- 自分に与えられた役割を、最後までやり遂げる（高学年のみ）。
  人間関係 Ⅵ-1-④　役割

図画工作・音楽

単元計画の実際　歌おう！踊ろう！みんな一緒に世界のリズム♪

学習のねらい	学習活動
はじめのあいさつ	・日直の号令に合わせてあいさつをする。 ・「予定リーダー」が、本日のプログラムを読み、発表する。
はじまりのうた ・箏の繊細な音を聴き、気持ちを落ち着けながら、合わせてゆったりと歌う。 ・日本の音として、箏の音色を感じとり、自国の文化に触れる機会とする。 ・演奏にあたっては、正座やお辞儀の仕方についても、礼儀作法の学習をした。	・「おことリーダー」の演奏に合わせて、箏曲「♪音楽はじめよう」の歌を歌う。 
③　みんなでうたおう 	(1)「♪みんなで歌おうよ」 　「うたのおにいさん」役の教師の真似をして、大きい・小さい・笑って・怒って・美しくなどの、いろいろな声を出す。 (2)「♪おばけのおどり」 　「おばけリーダー」と一緒に、おばけを真似ておばけの声を出す。
イントロクイズ・ドン！  ♪カリビアン・ラグーン	(1)「♪みんなであくしゅ」 (2)「♪手をつないで歩こう」 (3)「♪SUN サンサンバ」 (4)「♪ともだちアロハ」 (5)「♪スペインのおどり」 (6)「♪カリビアン・ラグーン」 (7)「♪たいせつなともだち」 (8)「♪あつまりゲーム」 (9)「♪アラブの赤い月」

「情操」領域

単元計画の実際 歌おう！ 踊ろう！ みんな一緒に世界のリズム♪

学習のねらい	学習活動
支援のポイント その1　（イントロクイズ） リーダーの「イントロクイズ・ドン！」の声かけの後、イントロを聴いて、「道具リーダー」が必要なグッズを準備し、みんなで道具を持って踊れるように支援する。「この歌では〇〇」のように、曲に合った道具を使って、それぞれの曲と教材を作成する。世界中の音楽の特徴をとりいれ、「目標とする行動を歌詞にしたオリジナルソング」を創作し活用する。	♪あつまりゲーム
❺ **スピードランナー** **支援のポイント その2** 高学年のリコーダー隊は、ピアノに合わせてリコーダーを演奏する。演奏しやすいように、繰り返しのメロディーで創作。他の子どもは、フロアーに設置したタムタムや、教師の持つロリポップドラムをたたいてまわる。教師が持つロリポップドラムは、高低や左右の変化をさせ、子どもの身体の動きを引き出す。	・曲に合わせて、ジャンプしたりしゃがんだりし、あちこちの太鼓をたたいてまわる。 
❻ **すずをまわそう** ♪すずをまわそう	・「♪すずをまわそう」の曲に合わせてキャラクターボタンのついた鈴を回していく。 **支援のポイント その3** 鈴だけではなく、キャラクターがついていることで、子どもの「注視」や「追視」が引き出しやすくなる。 ・曲の途中で、「ヘイ！」とかけ声をかける場面を多く設け、子どもの発声を促す。
❼ **くねくねマラカス・スポンジすず** 発散系の上下動、沈静系の左右動、右左交互の動き、力の調整を経験できるようにした。	・「♪マラカスならそう」「♪ゆらゆらゆれよう」「♪右左ブギ」に合わせて、楽器を上下、左右、右手左手交互に操作する。

図画工作・音楽

学習のねらい	学習活動

⑧ **みんなでたたこう**

音を合わせてみよう!

支援のポイント その4

「好きな形をみつけよう〜」のフレーズに合わせて好きな形の太鼓を持ち、鳴らす。全員で合わせて、「三三七拍子」のリズム打ちをする。「同じ形をみつけよう〜」に合わせて、形のマッチングをしてペアの友だちを探す。太鼓を重ねて、友だちと一緒にリズム打ちをする。「♪みんなでたたこう」では、自分の所属の学級の名前でたたくことを課題とした。

⑨ **すてきな音の歌**

支援のポイント その5

身近な教師が、子どもの前で実際に楽器を演奏することで、子どもたちに様々な音・音楽を経験させる。憧れの気持ちが、「やってみたいな」の意欲につながるように意図し、演奏する。

⑩ **さよならのうた**

クーリングダウンを促す音の配列で作曲し、授業の終了がわかりやすいように配慮した。

・「さよならのうた」に合わせて、曲が始まったら真ん中へ出て友だちと手をつなぎ、一つの大きい円になって歌う。

まとめ

1. 授業づくりの工夫!

・具体物を実際に操作することで、「相手と一緒に!」が感じられるように配慮。
・リズムやテンポ、生の楽器の音に着目し、世界の特徴的な音楽をとりいれた。
・「目的とする行動をそのまま歌にした」オリジナルソングの使用により、活動量を増加。

2. 子どもの学び!

・音・音楽を手がかりとして、自発的に楽しんで活動できるようになった。
・友だちとの適切な距離のとり方や、「楽しく活動すること」の意味を体感できた。

3. 他の単元へのつながり!

・他校との交流会や集会活動、学習発表会などの行事にも生かすことができる。

(根岸由香、田上幸太、飯島啓太、伊藤かおり、若井広太郎、森芸恵、田口悦津子、佐藤知洋、内倉広大、安達敬子)

実践事例 15 「情操」領域

小学部 縦割りグループ すきすき！ 色紙すき！
～牛乳パックからハガキをつくろう！～

様々な素材に触れたり、道具を操作したりする経験を重ねる中で、自分の行為とその結果（目的）の理解を深め、造形活動への意欲を高めることをねらいとしています。また、いくつかの工程を通して、活動の流れへの意識を高めたいと考え、本単元を設定しました。

単元計画

- すきすき！ 色紙すき！ ～牛乳パックからハガキをつくろう～ …… 4時間

単元目標と学習内容

1 様々な素材に触れる経験をする
- 紙、水などを使って、行為や現象を楽しむ。
  情操 Ⅲ-(3)-1 材料遊び
- ミキサー、紙すき枠などを使って、行為や現象を楽しむ。
  情操 Ⅲ-(3)-2 用具遊び

2 手元を見て、物を操作する
- 両手で同じ操作をする。両手で異なる操作をする。
  認知 Ⅰ-4-①② 手指の操作（両手）
- 両手で紙を持ち、前後にちぎる。小さい紙をちぎる。
  身体・運動 Ⅱ-(2)-3-①② ちぎる・はがす

3 活動の流れを知り、活動に参加する
- 活動には流れがあることを知る。
  人間関係 Ⅳ-1-① 活動の流れの理解

図画工作・音楽

単元計画の実際　すきすき！　色紙すき！

学習のねらい	学習活動
① 始めのあいさつ	・日直が号令をかける。 ・姿勢を正しているか、「足はピタ、手はひざ」と声かけをしてからあいさつをする。
② 本時の内容を知る　道具の準備をする ・教師がモデルを示し、活動の流れを説明する。 ・道具を配る役割の児童を教師が指名する（高学年から順に指名をする）。	・教師のモデルに注目する。 ・指名された児童は、牛乳パック、トレイ、色紙などの必要な道具や材料を友だちに配る。
③ パルプ（紙すきの原材料）を作る ・フィルムが残らないよう、手元を見てはがすようにする。 ・児童のできる範囲で細かくちぎるように促す。 ・パルプをかき混ぜたり、握ってみたりすることで、感触を味わわせる。	・牛乳パックのフィルムをはがす。 　あらかじめ開いて水に浸けておいた牛乳パックのフィルムをはがす。表と裏の両方をはがす。 ・牛乳パックを細かくちぎる。 ・ミキサーに牛乳パックと水を入れ、スイッチを入れる。 ・ミキサーの中のパルプを、水の入ったバケツに入れる。 ・バケツの中のパルプをかき混ぜて馴染ませる。

支援のポイント その1

牛乳パックをミキサーに入れ、スイッチを入れる。

ミキサーは必ず教師と一緒に使うようにする。ちぎった牛乳パックと水を入れ、「スタート！」の合図でミキサーのスイッチを入れる。他の児童にはミキサーへの注目を促すようにし、カウントダウンなどをしながら交代で行う。

ミキサーに入れて
カウントダウン！

155

「情操」領域

単元計画の実際 すきすき！　色紙すき！

学習のねらい	学習活動

支援のポイント その2

バケツの中のパルプをかき混ぜて馴染ませる。

ある程度の量のパルプができたところで、バケツの中のパルプをみんなで触ったり、かき混ぜたりしてみる。一緒に握ってみて、水中に紙の原料が入っていることを実感させてもよい。

パルプを触ってみよう！

④ 色紙を入れてすく

・色紙をちぎる際には、大きさに留意してちぎれるように促す。
・紙すき枠は両手で持ってパルプの中に入れるようにする。

・好きな色の紙をちぎる。
・紙すき枠の上にちぎった色紙を並べる。
・紙すき枠を両手で持ってパルプの中に入れ、すくう。
・平らな板の上にのせて水気をしぼる。
・網を外し、乾燥させる。

支援のポイント その3

色紙を入れてすく。

色紙を並べる際に、紙すき枠の網を濡らしておくと並べやすい。
パルプをすくう際には、斜めに入れてパルプを流し込むようにすると、よりきれいにすくえる。最初のうちは教師が手添えをしながら援助をし、徐々に自分でできるようにする。

①色紙をちぎる。　　②色紙を並べる。

③パルプの中に入れてすくう。

⑤ 終わりのあいさつ

・紙、トレイ、枠を分けて片づける。
・姿勢を正し、「足はピタ、手はひざ」と声かけで促してからあいさつをする。

図画工作・音楽

活動の流れがわかりやすいように、紙をすく場所、水気をしぼる場所、乾燥させる場所を分けて、児童の動線が重ならないようにしました。

まとめ

1. 授業づくりの工夫！

- 1年生から6年生までの幅広い学年で構成されているため、生活経験の多い高学年の児童を中心に、始めと終わりのあいさつ、材料や道具の準備や片づけなどの役割を設定した。高学年の様子に他の児童も影響を受け、準備や片づけを率先して行うようになった。

2. 子どもの学び！

- ちぎった紙がミキサーの中で水と混ざってパルプになるところに、各児童がよく注目していた。繰り返して活動を行う中で、ちぎる、ミキサーに入れる、紙すき枠ですくという工程に、自ら参加するようになった。
- 身近な牛乳パックが形を変えて新しい紙になることに対して、児童の興味関心が高まった。

3. 他の単元へのつながり！

- 作ったハガキを用いて、生活単元学習などの時間で家族などにグリーティングカードを作って送ったりしている。また紙をさらに加工して、しおりなどを作り、プレゼントとして贈る活動にも広げている。

（若井広太郎、内倉広大、飯島啓太、伊藤かおり）

実践事例 16

「情操」領域

中学部
学部

発声練習／歌唱／器楽／（身体表現）
～友だちの前で、自分らしく表現しよう～

中学部から本校に入学した生徒には、自己肯定感が低く、自分に自信がもてない様子が感じられる場合があります。音楽の授業では中学部で大切にしている自己を表現する力・他者を認める力に重点をおいて授業を進め、一人ずつまたはグループで友だちの前で自由に表現し、認められる機会を大切にしています。

単元計画

● 自分らしく表現しよう（①発声練習　②歌唱　③器楽）…… 8時間

単元目標と学習内容

1 自分なりの表現（歌唱、器楽、身体表現）で、友だちの前で発表する

● 発声練習、歌唱、器楽、身体表現で自由に表現する。
　　　　　　　　　　　　　　　人間関係 V-2-③④　目標にポジティブに向かう姿勢

● 発声練習や歌唱をする。
　　　　　　　　　　　　　　　情操 II-2-②～④　歌う

● 楽器を演奏する。
　　　　　　　　　　　　　　　情操 II-3-③～⑤　演奏

2 友だちの発表を聴く

● 友だちや教師の演奏を聴く。
　　　　　　　　　　　　　　　情操 II-1-③～⑤　聴く

3 友だちの演奏を聴いて、よかったところを発表する

● 友だちの演奏を聴いて感じたことを書いたり発表したりする。
　　　　　　　　　　　　　　　人間関係 V-1-③④　気持ちの伝達

図画工作・音楽

単元計画の実際　自分らしく表現しよう

	学習のねらい	学習活動
1	**始めのあいさつ・発声練習** ・「みんなで声を出そう」(オリジナル曲)	・日直の号令に合わせてあいさつをする。 ・「みんなで声を出そう」(オリジナル曲)を歌う。毎回、曲中でとりあげる母音や子音を変えて歌ったり、声の大小、声を長く伸ばしたり、短く切って歌ったりする。
2	**歌唱** ・「校歌」 ・「ファイトのうた」 ・「Believe(ビリーブ)」(作詞・作曲：杉本竜一)  指揮の練習。	・範唱を聴く。 ・歌詞を音読する。 ・歌詞の言葉の意味についてイメージする。 ・比較的ゆっくりしたテンポで歌う。 ・長い曲は、歌う箇所を区切って繰り返し歌い、歌えるようになったら通して歌う。 ・指揮を見て歌う。 ・4拍子の指揮の仕方を覚え、練習する。 ・振り付けを覚え、練習する(曲目に応じて)。 ・手話をつけて歌う(曲目に応じて)。 ・全員で歌う。 ・友だちの前で、一人ずつ演奏したり、学年や少人数で演奏したりする。 ・友だちの演奏に拍手をしたり、自分の演奏も含め感想を述べたりする。

友だちの前で少人数で歌う。

支援のポイント その1

・歌唱の練習に入る前に、曲名や歌詞の意味、全体を象徴するキーワードについて確認し、どのような内容の歌なのかを共有する。
・生徒一人ひとりの表現したい気持ちを大切にし、個々の歌唱の実態に合わせて、部分的な歌唱、手話や振り付けによる表現、楽器をとりいれた表現で参加できるように工夫する。

友だちの演奏を聴いて拍手をする様子。

「情操」領域

単元計画の実際 自分らしく表現しよう

学習のねらい	学習活動
③ 器楽／トーンチャイムの演奏 「いっしょにならそうよ」 （作詞・作曲：小柳玲子）	・トーンチャイムの持ち方、音の出し方を知る。 ・一人ずつ順番に音を出す、二人組になって音のキャッチボールをする。また、連打して合図で演奏を止めるなど、いろいろな音の出し方について知り、音や奏法に親しむ。 ・「いっしょにならそうよ」で、音の重なりを楽しむ。
④ 合奏 「Believe（ビリーブ）」 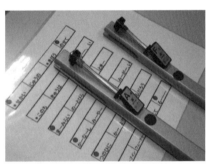 トーンチャイムで使用した色楽譜。	・歌唱でとりあげた「Believe（ビリーブ）」に、トーンチャイムの色楽譜（絵譜）をとりいれ、演奏する。 ・さらに、メロディを奏でる旋律楽器（キーボード、鍵盤ハーモニカ他）や、リズムを刻む打楽器（ドラム、シンバル、ツリーチャイム他）を加えて演奏する。 ・グループに分かれて練習する。 ・全員で合奏する。 ・自分の演奏や全体の合奏についての感想を述べる。 ・他校との交流会等で合同演奏する。

支援のポイント その3

本単元では「Believe（ビリーブ）」を歌唱指導の後にトーンチャイムをとりいれ、さらに旋律楽器、リズム楽器を加えることで、無理なく器楽へと展開する。

⑤ 終わりのあいさつ	・日直の号令に合わせてあいさつをする。

図画工作・音楽

まとめ

1. 授業づくりの工夫！

・本題材では、歌唱教材から器楽教材へのスムーズな展開ができた。器楽曲としていきなり入るよりも歌唱を十分に行い、曲に馴染むことで、歌詞を手がかりにした楽譜を用いることができた。

支援のポイント

楽譜の提示方法の工夫（プロジェクター等の活用）

歌唱においてはプロジェクターを用いて歌詞を提示し、気持ちを一つにして仲間と一緒に歌う感覚を共有し、それが指揮者を見て歌う歌唱につながった。合奏においては、練習の進度に応じて、プロジェクターと手元の楽譜を併用して、仲間と合わせることを学べるように展開した。

プロジェクターを活用した提示。

手元でわかる楽譜の提示。

2. 子どもの学び！

・大きな集団だからできる音楽の楽しみを体験することで、一緒に演奏する楽しみや全体の楽しい雰囲気を味わうことができた。また一方で、その集団の中で一人ひとりの表現を大切にすることで、お互いの表現を認めあう機会にすることができた。

3. 他の単元へのつながり！

・交流および共同学習へ展開し、交流校と合同演奏を行うことができる。その場合、あらかじめ共通の興味関心で演奏できる曲を選曲することが大切なポイントである。
・音楽の授業でとりあげた題材を行事や文化祭の劇に展開することで、生活の中での位置づけや劇中の物語の中での位置づけに展開することができる。

交流校との合同演奏。

文化祭の劇「セロ弾きのゴーシュ」に展開。

（工藤傑史、髙津梓、漆畑千帆、阿部崇、杉田葉子、佐野友信、中村晋）

自立活動・日常生活の指導

「コミュニケーション」領域
様々な方法で自己と他者の関係を築く

領域のねらいと特徴

　コミュニケーションとは、情報の伝達だけに留まらず、「〈私〉と〈あなた〉が気持ちや意思を互いに『共有』すること」として捉えられる。こうした認識に基づいて、コミュニケーション領域のねらいを、「他者とのやりとりを通して、気持ち（意思）を理解したり、伝えたりする方法を身に付け、対話や会話などをする力を育む」と設定した。また、そのための支援として、子どもが教師や仲間との社会的な相互行為を通して、伝える、理解する、会話する、語彙や文法を使用するといった力を育むことを目指している。

項目の構成

ことば（語彙や文法）を教える前提として、自発的に伝える（伝達）と他者の発話を理解する力を高める

　「〜をちょうだい」という要求の伝達や「○○があったよ」と叙述するように、自分から気持ちを相手に伝える力、そして、他者の発話に関心を向け、質問や指示に応答する力を育てることを大切にする。このような「伝達」と「理解」の力を基盤として、「語彙や文法を使用する力」や「会話する力」を高めていく。

前言語からことばへの移行という発達的視点を大切にする

　まずは、言語を表出する以前の身ぶり、発声、視線、表情といった前言語的

手段によるコミュニケーションを促進する。次に、言語を用いたコミュニケーションの学習へと移行させていく。

コミュニケーションする対象を拡大していく

コミュニケーションする相手は、身近な大人から始まり、徐々に、友だち、集団、学外の他者へとその対象を広げていくようにする。

コミュニケーション領域における項目の構成

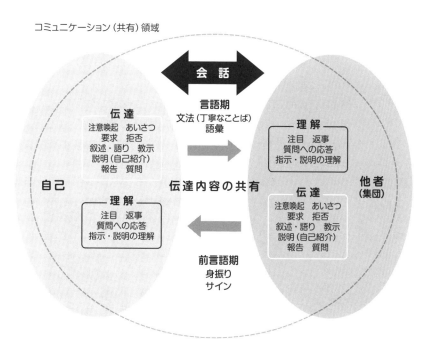

他領域との関係

コミュニケーション領域は、認知領域の文字の読み、書きの基盤となることが想定される。

「コミュニケーション」領域
様々な方法で自己と他者の関係を築く

授業づくりのここがポイント！

子どもが自発的に伝える機会を意図的に設定しよう

　コミュニケーション支援では、子どもが自分から相手に気持ちを伝えたい、表現したいという意欲を高めていくことが最も重要である。「伝えたい物事がある」と「伝えたい相手がいる」といった2つの気持ちを子どもがもてるように促していきたい。前者は、子どもが興味・関心をもてる物を用意したり、伝える必然性の高い活動を設定したりすることが挙げられる。

　後者は、子どもが気持ちを伝えやすいように教師が応答的に関わることや、子どもとの信頼関係を確立することがポイントになる。

　例えば自発的に伝える必然性の高い「おやつ場面」を設定し、ことばで要求を伝えられるように、遅延（待つ）→モデル提示の援助を行っている。子どもが自発的に指さしやことばで伝えられたら、教師はすぐに応答することで、「気持ちが伝わった」という経験を重ねるように支援している。

おやつ場面を通して、A君は、ほしい菓子を指さし、「せんべい、ちょうだい」とことばで伝えられるようになった。

子どもにとって最も機能的な
コミュニケーション手段の獲得を促そう

　コミュニケーションの力を伸ばすためには、子どもに適した伝達手段を考えることが重要である。視線、表情、身振り、サイン、絵やシンボルカード、文字、話しことばなどの様々な伝達手段を想定し、その子どもが気持ちを伝えるためには、「どの手段が最も伝えやすい手段であるのか」、「どの手段を用いることで、自分の気持ちが相手に伝わったと感じられるのか？」などを評価しながら、適した伝達手段の獲得を促していく。

伝える、気持ちを共有するという行為を基盤として、
言語の学習を促そう

　他者と気持ちを共有する心地よさを積み重ねられるように、一緒に物を運ぶなどの協同活動を設定して、相手とペースを合わせる、達成感を共有する経験を重ねるように促す。共有する経験を基盤にして、語彙や文法の学習を促していく。

仲間とのやりとりや協同活動を通して、
自己表現（語り、報告）や会話の力を高めよう

　仲間と一緒にゲームをする、クラスの係分担を決める、制作をするといった子ども同士のやりとりや協同活動を設定することで、様々なコミュニケーションの力を伸ばすことができる。「相手に呼びかけてから話し始める」、「テーマに沿って会話を続ける」、「相手にうまく伝えられない際には、言い直したり、補足したりする」、「経験したことを報告する」などの力を仲間とのやりとりの中で、教師の援助を介して、育んでいきたい。

学習内容表 「コミュニケーション」領域

大項目	小項目	①	②
I.自分から伝達する 「認知領域Ⅲ-(2)」と関連	1.注意喚起	・泣いたり発声したりすることで、大人の注意を引く。	・簡単な言葉を使ったり、大人に触れたりして、注意を引く。
	2.あいさつ	・日常生活の簡単なあいさつ（おはよう、さようなら）をする。 〈お礼・謝罪〉 ・「ありがとう」「ごめんなさい」を言う。	
	3.要求	・表情や動作で要求を伝える（指さし、リーチング）。	・簡単な言葉で要求を伝える。
	4.拒否	・表情や動作で拒否を表現する。	・簡単な言葉で拒否を伝える。
	5.叙述・語り	・見たこと聞いたことを身振りや指さしで伝えて注意を共有する。 ・感覚的な体験や快不快の情動を伝える。	・見たこと聞いたことを簡単な言葉で伝える。 ・経験したことや気持ち、感情を言葉で伝える。
	6.教示・説明	〈自己紹介〉 ・自分の名前を言う。	・簡単な言葉で予定を伝える（朝の会など）。 〈自己紹介〉 ・自分の年齢や性別を言う。
	7.報告	・非言語的な手段（身振りやサイン）で大人にできごとを伝える。	・質問に応じて経験したことを言葉で報告する。
	8.質問	・「なに」と質問する。	・「どこ、誰」と「～していいですか」と質問する。
II.相手の伝達内容を理解する 「認知領域Ⅲ-(1)」と関連	1.話し手への注目	・話しかけてきた人に注目する。	・話している人に気づいて注目する。
	2.返事	・自分の名前を呼ばれたら相手の顔を見たり、身振りをしたりして応える。	・自分の名前を呼ばれたら返事をする。
	3.質問への応答	・簡単な質問（二択、はい・いいえ）に対して身振りや指さしで応える。	・簡単な質問（二択、はい・いいえ）に対して言葉で答える。
	4.指示・説明の理解	・簡単な指示を理解して行動する。	・二つ以上の指示を理解して行動する。
III.会話を楽しむ 「認知領域Ⅲ-(2)」と関連	1.会話の開始	・自分から話を始める（身振りやサインなどの代替手段を含む）。	
	2.会話の維持	・相手の話を聞く。	・相手の話を最後まで聞いて、話す。
	3.会話の終了	・相手の話の終わりがわかる。	・相手の合図で会話を終える。
	4.会話の楽しみ	・遊びの中で話をする。	・自分の興味のあることや好きなことについて話をする。

自立活動・日常生活の指導

原則として、①4〜6歳（幼稚部） ②7〜9歳（小学部低学年） ③10〜12歳（小学部高学年）
④13〜15歳（中学部） ⑤16〜18歳（高等部）

③	④	⑤	本体・CD収録の単元例
・簡単な言葉を使ったり、友だちに触れたりして、注意を引く。	・号令や呼びかけによって集団の注意を引く。	・相手や場面に応じて注意を引く（「お忙しいところすみません」など）。	
〈お礼・謝罪〉 ・自分から相手にお礼を言ったり、謝ったりする。		・相手や場面に応じたあいさつをする。 〈お礼・謝罪〉 ・相手や場面に応じたお礼や謝罪を自分からする。	CD3.小学部（3・4年） CD5.中学部（2年） 本体18.小学部（3・4年）
・適切な言葉で要求を伝える。	・相手や場面に応じて、丁寧に要求を伝える。		CD4.幼稚部（学部）
・適切な言葉で拒否を伝える。	・相手や場面に応じて、丁寧に拒否を伝える。		
・共有したいことを他者（集団）に話す。	・友だちとトピック（行事、仕事、テレビ、本などの日常生活のできごと）を共有して話す（語る）。 ・事柄の因果関係の順序をたどって経験したことを話す（語る）。 ・フィクションのできごとを語る。		本体20.中学部 （課題別グループ）
・遊びやゲームの内容を伝える。 〈自己紹介〉 ・自分の年齢や性別を言う。	・活動の内容をわかりやすく伝える。 〈自己紹介〉 ・自分の住所や電話番号、生年月日を言う。	・自分の状況や立場をわかりやすく伝える。 〈自己紹介〉 ・自分の属性、趣味、長所・短所、抱負などを言う。	CD6.高等部（1・2年）
・自分から大人や友だちに、自分の行ったことを報告する。		・必要な時に適切な報告・連絡・相談や質問をする。	
・「どこ、誰」と「〜していいですか」と質問する。	・友だちや大人の報告（話）に質問する。		
・自分から話し手に注目する。	・集団場面において話し手に注目する。	・集団場面において話の最後まで話し手に注目する。	本体19.小学部 （課題別グループ）
・言葉かけや呼名で大きくはっきりと返事をする。	・指示を受けた時に適切な返事をする。		CD1.幼稚部（学部） CD2.小学部（1・2年） 本体17.幼稚部（学部）
・質問（なに、誰、どこ）に対して言葉で答える。	・質問（なぜ、どのように）に対して言葉で答える。	・質問に対して因果関係や順番も含め正しく答える（説明する）。	CD7.中学部 （課題別グループ）
・集団に向けられた指示を理解して行動する。	・友だち（リーダー）の指示を理解して行動する。	・説明の内容を理解して行動する（作業手順）。	
・タイミングや状況に応じて話し始める。		・状況に応じた話題を選び、タイミングよく話し始める。	
・よくわからない時には聞き返す。	・現在の話題や相手の興味に合わせて話をする。	・話題を変える時には相手に尋ねる。	
・トピックの終わりがわかる。	・状況（時間、相手の興味、話題の終わり）に応じて話を終える。		
・家族や友だちのことについて話をする。	・趣味の話や楽しかったことの話をする。	・冗談や想像上の話を交えて会話を盛り上げる。	

「コミュニケーション」領域

大項目	小項目	①	②
Ⅳ.語彙を使用する 「認知領域Ⅲ-(2)」と関連	1.物の名前の表出	・身近な人や物の名前などを言う。	・日常生活でよく使う物や活動の名前を言う（食物、衣類、乗り物）。
	2.動きの言葉の表出	・擬音語で表現する（パクパク、てくてく）。	・日常生活における動作の表現をする（食べる、歩く）。
	3.形容する言葉の表出	・擬態語で表現する（きらきら、さらさら）。	・日常生活の中で形容する表現を使う（大きい、きれい）。
Ⅴ.文法を用いる 「認知領域Ⅲ-(2)」と関連	1.文の表出	・一語文を表出する。	・二語文を表出する。
	2.助詞・接続詞の使用	・「の」「ね」（終助詞）を使用する。	・「が」「を」「に」「と」（格助詞）などを使用する。
	3.敬語の使用		・丁寧な言葉を知る。

自立活動・日常生活の指導

	③	④	⑤	本体・CD収録の単元例
	・日常生活でよく使う物や活動の名前を言う（食物、衣類、乗り物）。			
	・日常生活における動作の表現をする（食べる、歩く）。	・社会・職業生活に適した動作の表現をする（搬入する、封入する）。		
	・日常生活の中で形容する表現を使う（大きい、きれい）。	・社会・職業生活に適した形容表現を使う（美しい、完成度が高い）。		
	・多語文を表出する。 ・否定文を表出する。	・複文、重文、接続詞を含めた文を表出する。 ・受動文、比較表現の文、仮定文（「～したら、～です」）を表出する。		
	・「が」「を」「に」「と」（格助詞）などを使用する。	・「のに」、「から」（接続助詞）などを使用する。 ・「そして」、「だから」（接続詞）などを使用する。 ・「た」、「れる」、「られる」（助動詞）などを使用する。		
	・丁寧な言葉を使う。	・相手や場面に応じて敬語を使ったり、丁寧な言葉づかいをしたりする。		

注：AAC（拡大・代替コミュニケーション）の活用や構音指導は個々の実態に応じて行うものとする。

実践事例 17　「コミュニケーション」領域

あつまり
〜毎日の楽しいルーティン活動〜

幼稚部（学部）

子どもにとって、見通しがもちやすいように、毎日同じ流れで行っています。また、個々の課題に基づき、子どもの興味・関心にそって活動を設定しています。

単元計画

- 1学期　あつまりの流れを知る
- 2学期　あつまりの活動を楽しむ
- 3学期　あつまりの活動を楽しみ、見通しをもって参加する
  …… 通年　毎日30分

単元目標と学習内容

1　教師や友だちと一緒にあつまりの活動に参加することができる

- 歌や音楽を聴いたり、お話の読み聞かせを聞いたりする。
  情操Ⅱ-1-①　聴く
- 音楽に合わせて手遊び歌をしたり、身体表現をしたりする。
  情操Ⅱ-4-①　身体表現

2　係活動に取組むことができる

- 司会やあいさつの係をする。
  人間関係Ⅵ-1-①　役割
- 指示に気づいて動く。
  人間関係Ⅲ-2-①　規範を守る

3　教師や友だちとやりとりすることができる

- 呼名に返事をする。
  コミュニケーションⅡ-2-①　返事

自立活動・日常生活の指導

単元計画の実際 あつまり

	学習のねらい	学習活動
1	**着席** ・指示に気づいて動く。	・教師の呼びかけやベルの合図に気づいてあつまりの部屋に移動する。 ・名前シールのついた自分の椅子を、青い枠を貼ったところまで運び、着席する。
2	**始めのあいさつ・おはようの歌** ・司会やあいさつの係をする。	・指名された子どもは前に立ち、動作を交えて「始めのあいさつ」を行う。同様に「おはようの歌」を歌う。
3	**名前呼び** ・教師や友だちとやりとりすることができる。 ・呼名に返事をする。	① 呼名する 　指名された子どもは、顔写真と名前が入ったカードをめくり、相手に合わせて名前を呼ぶ。

教師や友だちの呼名に、大きな声で返事をして挙手で応じるAさん。

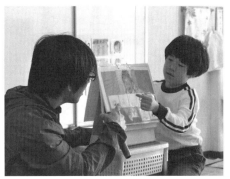

名前の文字を指さしながら呼名するB君。

② 呼名に応じる
　呼ばれたら、返事やハイタッチで応じる。
③ 人数を数える
　友だちの頭をなでながら数える。

支援のポイント その1

係が「次はこの人です。せーの」と声をかけ、タイミングを合わせてみんなで一緒に呼ぶことで、返事を誘うことができる。
係の子どもが呼名する相手の顔を見て、返事を待ったり、ハイタッチを誘ったりするなどの援助ができるようになる。

友だちの頭をなでながら数えるB君。

「コミュニケーション」領域

単元計画の実際　あつまり

④ 学習のねらい

歌遊び

- 歌や音楽を聴いたり、お話の読み聞かせを聞いたりする。
- 音楽に合わせて手遊び歌をしたり、身体表現をしたりする。
- 好みのものを選んで伝えることができる。
- 教師や友だちと楽しさを共感する。

学習活動

① パネルシアターや絵本を見る。
② 歌紙芝居を見ながら歌う。
③ 楽器や小道具を持って行進する。
④ 歌に合わせて小道具を操作したり、カードを貼ったりする。
⑤ 手遊びやダンスを模倣したり、自由に表現したりする。
⑥ 役割に分かれたり、交代したりする。

支援のポイント その2

注目型の歌紙芝居、参加して操作できるようなパネルシアター、手遊び、楽器遊びなど、変化に富んだ構成になるよう配慮する。

みんなで歌紙芝居に注目します。歌に合わせて歌紙芝居をめくるB君。

ワニに扮した教師と振り遊びを楽しむCさん。

お気に入りの場面で叙述の指さしをするDさん。

支援のポイント その3

歌紙芝居の操作、教材の準備・配布・片づけ、モデル提示など、1学期には教師がやってみせるが、徐々に子どもが行うようにしていく。
歌のシンボルカードを用い、好みの歌を選択したり、歌の順番を理解したりできるようにする。

数字カードと歌あそびのシンボルカードをボードに貼り、活動の順番をわかりやすくします。

自立活動・日常生活の指導

教師に代わって歌あそびの教材を友だちに配るEさん。

2人で協力して教師の所まで片づけるEさんとFさん。

⑤ 終わりのあいさつ
・司会やあいさつの係をする。

・指名された子どもは前に立ち、動作を交えて「終わりのあいさつ」を行う。

⑥ 次は何かな
・次時の予定を知る。

・指名された子どもは予定ボードを持ってくる。カードを操作して次の活動を示す。

まとめ

1. 授業づくりの工夫！
・毎日決まった流れで行うことで、見通しをもって参加できるようにしている。
・子どもが好む歌や音楽、体を動かす活動を盛り込むことで、参加意欲が高まるようにしている。
・子ども主導で授業を進行できるよう役割を設定している。

2. 子どもの学び！
・歌や歌遊びを好きになり、教師や友だちと一緒に活動する楽しさを知った。
・できる・わかる・楽しい活動を通して、自信や意欲が高まった。

3. 他の単元へのつながり！
・大好きな歌遊びは『表現』『体育』『設定遊び』大塚祭などでも発展させて行う。

大塚祭でおおかみの歌を歌うCさんとDさん。

(大蔵みどり、仲野みこ、福谷憲司、小笠原志乃、田盛信寿)

実践事例 18

「コミュニケーション」領域

小学部 3・4年
つき組　しゅうごう！
～一日の活動をみんなで確認しよう～

見通しをもって学校生活を送るために、一日の最初の設定場面において一人ひとりが意欲的に活動してほしいと考えました。友だちや教師と楽しく関わりながら、今日一日学校でどんな活動をするのかを、みんなで考えられるよう場面設定をしました。

単元計画

● つき組　しゅうごう！ …… 通年

単元目標と学習内容

1 一日の学校生活に期待や見通しをもつ

● 日課の文字を読むことや、複数の中から選択することで一日の流れを確認する。
　　　　　　　　　　　　　　　　　人間関係Ⅳ-1-①〜③　活動の流れの理解

● こよみや天気、下校時間などを友だち同士で確認しながら、個々の認知を高める。
　認知Ⅱ-(13)-1-①〜③　こよみ、Ⅱ-(3)-1-①〜④　順序数、情操Ⅳ-5-③　天候・自然環境

2 クラスのルールやマナーを守る

● はっきりと大きな声で返事やあいさつをする。
　　　　　　　　　　　　　　　　　コミュニケーションⅠ-2-①〜④　あいさつ

● 話している大人に注意を向ける。話をしっかり聞く。
　　　　　　　　　　　　　　　　　人間関係Ⅰ-6-①〜④　聞く姿勢

3 役割を自ら行い、積極的に活動に参加をする

● 司会など自分の役割がわかり、自主的に行う。
　　　　　　　　　　　　　　　　　人間関係Ⅵ-1-①〜④　役割

単元計画の実際　つき組　しゅうごう！

	学習のねらい	学習活動
1	**あいさつ** ・姿勢を正し、メインティーチャーに注目する。 ・全員で元気よく授業の始まりのあいさつをする。	・日直は前に座って号令をかける。 　「これから、朝の集まりを始めます」「起立」。 ・姿勢を正す。「気を付け」「ぴっ」。 ・あいさつをする。「さんはい！」「おはようございます」「着席」。
2	**「おはよう」のうた** ・一日の最初の学習活動として、大きな声で元気よく歌う。	・活動名を言う。「朝の歌を歌います。楽器をとりに来てください」。 ・日直は楽器の入っている箱をクラスメイトの前に移動させる。「どうぞ」。 ・日直の合図を聞いてから、楽器をとる。 ・気づいた児童は、サブティーチャーやメインティーチャーに楽器を渡す。 ・日直はサブティーチャーにピアノ伴奏を依頼する。「○○先生、お願いします」。 ・『おはよう』（作詞：新沢としひこ、作曲：中川ひろたか）の歌を歌う。 ・楽器を片づける。
3	**こんげつのうた**	・季節の歌、行事の歌などを歌う。 　『カレンダーマーチ』（作詞：井出隆夫、作曲：福田和禾子）、『大きな栗の木の下で』（作詞・作曲：不詳）など。
4	**なまえ** ・名前を呼ばれたら、大きな声で返事をする。 ・日直から名前カードを両手で受けとり、ホワイトボードに貼る。2番目以降の児童は、先に貼ってあるカードに合わせて端をそろえて貼る。 ・日直の顔をよく見て握手をする。	・皆でクラスメイトの名前を呼ぶ。 <日直の活動> ①かけ声「せーの、とんとんとん」と名前カードの箱をたたく。箱を開けて、名前カードをとる。 ②全員で名前を呼ぶ。 ③カードを手渡す。 ④握手をする。

『おはよう』を歌う

「コミュニケーション」領域

単元計画の実際 つき組　しゅうごう！

学習のねらい	学習活動

名前カードを受けとって貼る。

握手をする。 | ＜受け手の活動＞
①返事をする。
②立つ、移動する。
③カードを受けとる。
④貼る。
⑤握手をする。
⑥席に着く。

・教師の名前を呼ぶ。「先生を呼んでくれる人？」受け手は挙手をし、日直に指名された児童は箱をたたき、全員で名前を呼ぶ。
・指名された児童は、教師とハイタッチをする。自分の名前カードの隣に教師の名前カードを貼る。
 |

支援のポイント その1

教師とハイタッチ

教師の名前を呼んだ後、司会に指名された子どもは教師とハイタッチする。膝を使って高くジャンプしたり、タイミングを合わせてタッチしたりできるように、教師が椅子の上に立ったり、手をしっかり伸ばすよう言葉かけや身体援助を行ったりする。

⑤　日付けとよてい

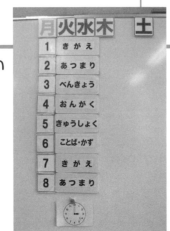

・日付け（月、日、曜日）と天気のカードを貼る。
・日直は数字カードを配る。ボードに貼る。
・活動カード（ひらがな）を選択して貼る。
・活動カード（写真）を選択して貼る。
・全員で読む。
・下校の時刻を確認し、時計カードを貼る。

自立活動・日常生活の指導

学習のねらい	学習活動

支援のポイント その2

日付けと予定の確認

- 日付けの上に透明ポケットのついているカレンダーを使用する。過ぎた日付けの上には、緑色のカードを入れておく。日付けを間違えて答えた場合は、その緑色のカードを頼りに今日の日付けがわかるように促す。
- 曜日や天気などのカードは、手を伸ばして届くくらいの高さにし、カードによく注目することや、手を十分に伸ばす動きをすることを促す。

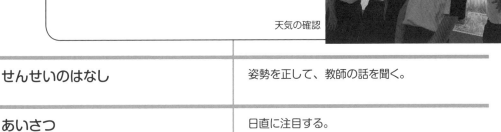

日付けの確認

支援のポイント その3

天気の確認

「今日の空は何色かな?」と問いかけることや、「もくもくしてるね」や「ザーザー」と擬音などで伝え、ジェスチャーを添えるなどして共有を図る。

天気の確認

⑥ せんせいのはなし	姿勢を正して、教師の話を聞く。
⑦ あいさつ	日直に注目する。

まとめ

1. 授業づくりの工夫!

- あつまりのシナリオを使い、授業の流れを視覚的に理解しやすくする。
- 日直をする子どもに注目しやすいよう、座席を横一列に並べる。
- ルーティン活動になりすぎないよう、子どもに質問形式で問いかけ、考えさせる時間を設ける。

2. 子どもの学び!

- 一日の流れを理解し、次の行動にスムーズに移ることができた。
- 文字や数字が読めるようになり、積極的に発語するようになった。
- 一つひとつの活動を丁寧に行い、日直の役割を充分に果たせるようになった。

3. 他の単元へのつながり!

- 学部単位の授業や縦割り学習など、集団が異なる授業でも同様に、集団での活動の基礎となるルールの理解やコミュニケーション力を身に付ける。

(森芸恵、伊藤かおり、若井広太郎)

実践事例 19　「コミュニケーション」領域

小学部 3年〜6年 課題別グループ

ことば・かず　きいろグループ
きこう・はなそう・あらわそう
〜おはなしであそぼう〜

いろいろな物語や人形遊びの中で、日常生活で使う言葉にたくさん触れることにより、使用できる語彙を増やしたいと考えました。併せて、友だちや教師との楽しいふれあいの中で、物語の世界に浸り、豊かな情操を育めることを願って、本単元を設定しました。

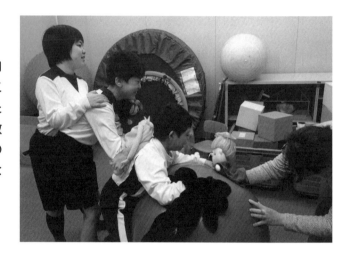

単元計画

- ことば・かず …… 週1時間

単元目標と学習内容

1 大人や友だちと一緒に世界や日本の物語に触れ、楽しむ

- 世界や日本の昔話を友だちと一緒に聞き、物語の内容を理解する。
  　　　　　　　　　　　　　コミュニケーションⅡ-1-④　話し手への注目
- 物語の内容について、簡単な質問に答える。また、絵本を見て感じたり、思ったりしたことを言葉で伝える。
  　　　　　　　　　　　　　コミュニケーションⅠ-5-②　叙述・語り

2 日常生活で用いる言葉や動きを形容する言葉に触れ、使う

- 体の部位を表す言葉を知る。
  　　　　　　　　　　　　　コミュニケーションⅣ-1-②③　物の名前の表出
- 動きを表す言葉を物語の場面に合わせて使う。
  　　　　　　　　　　　　　コミュニケーションⅣ-2-②③　動きの言葉の表出
- 形容する言葉を生活の場面に合わせて使う。
  　　　　　　　　　　　　　コミュニケーションⅣ-3-②③　形容する言葉の表出

自立活動・日常生活の指導

単元計画の実際　ことば・かず

学習のねらい	学習活動
① 始めのあいさつ	・日直の合図で正座してあいさつをする。 ・呼名に応える。
② 活動の内容の確認	・活動の予定を聞く。 ・一緒に活動する友だちを知る。
③ ○○はどこでしょう？	・児童が一人ずつ順番で「○○はここです」と文を読み、身体の部位を示す。 ・部位を示した後、「いいですか？」とみんなに聞く。 ・部位の名前と正しい場所を確認する。

支援のポイント その1

・身体の部位についてのひらがなカードを準備する。
・「○○はここです」という文を書いたボードを示し、○○に身体の部位のひらがなカードを当てはめて、文を示す。
・児童の示した場所の正誤に関わらず、全員が確認することができるよう、やりとりをする。その後、教師が正解の場所を示し、各自、身体の部位を実際に触って確認していくようにする。

④ おはなしタイム	・読み聞かせをする教師と絵に注目する。

「コミュニケーション」領域

単元計画の実際 ことば・かず

学習のねらい	学習活動
	・聞いた物語についての質問に答える。 　例　一寸法師がお椀の舟に乗り、箸の櫂をこいで京に上った場面について。 　　「一寸法師はおじいさんとおばあさんの家からどこへ行きましたか」「どのようにして行きましたか」 　　歌を使ったことで、児童にとっては印象に残り「お椀に乗ったの」とすぐに答えが返ってきた。その場面のページを見ながら、「一寸法師はお椀の舟に乗って京へ行きました」と斉読し、確認する。

支援のポイント その2

・世界の童話、日本の昔話から毎回一話選び、読み聞かせをする。
・絵本がよく見えるように、教師と児童の距離を近づけ、リラックスした雰囲気で行う。
・擬声語（例「わんわん」）、擬態語（例「のっしのっし」）、特徴的な形容詞、副詞（「大きい」、「そうっと」）は情景に適した語調で丁寧に伝え、物語にちなんだ歌などを歌う。
・登場人物、場所やできごとなどについて児童に簡単な質問をする。
・児童の答えた内容について、絵本の該当するページを見ながら確認をする。

❺　一緒に笑おう・遊ぼう

・パペット人形の笑い声、泣き声を表現する。
・みんなでボールを一緒に運んだり、押しあったりする。

支援のポイント その3

・いろいろなパペット人形から好きなものを自分で選択できるように並べる。
・教師もパペット人形を選び、その笑い声や泣き声を表現してモデルを示す。
・バランスボールを一緒に運ぶ時に「○○さん運ぼう」と誘ったり、「よいしょ、よいしょ」などとかけ声をかけたりして、児童の自然な言葉の表出を促す。

❻　振り返り　　　　　　　　　　・楽しかったことを発表する。

❼　終わりのあいさつ　　　　　　・日直の合図であいさつをする。

自立活動・日常生活の指導

支援のポイント（教材）について

- 「❸ ○○はどこでしょう？」で使用した、体の部位ひらがなカードは26枚作成、1回の授業では8枚程度使用した。

  > かお・あご・まゆげ・め・はな・くち・みみ・ほお・うで・ひじ・わきのした・むね・おなか・せなか・こし・しり・へそ・もも・すね・ふくらはぎ・ひざ・あしくび・つまさき・くるぶし・かかと・つちふまず

- 「❹ おはなしタイム」で使用した絵本の題材について、一つの題材をほぼ6～7分で読み聞かせをした。

  > おやゆびひめ・赤ずきん・ヘンゼルとグレーテル・七ひきのこやぎ・ももたろう・うらしまたろう・こばんのむしぼし・いっすんぼうし　など

- 「❺ 一緒に笑おう・遊ぼう」ではパペット人形を18種類使用した。

  > おかあさん・おとうさん・赤ちゃん・女の子・男の子・おばあさん・おじいさん・まほうつかい・かえる・わに・ぞう・ねずみ・ねこ・いぬ・ぶた・うさぎ・やぎ・さる

パペット人形

まとめ

1. 授業づくりの工夫！

- 児童が和やかな雰囲気の中で物語の世界に浸ることができるように、また、パペット人形を使って、楽しく自然な発話を引き出せるような場面づくりをする。

2. 子どもの学び！

- 体育でラジオ体操を行う際に身体の部位の名前がわかり、「うでを伸ばす」と自分の動作を言語化できた。
- 絵本への興味・関心が生まれ、読み聞かせをリクエストしたり、自ら読書したりするようになった。

3. 他の単元へのつながり！

- 朝のあつまりや集会等で、お楽しみ活動として絵本の読み聞かせを行う。
- 自由時間や余暇として絵本を楽しむ。
- イメージをもって再現する劇遊びへつながる。

（田口悦津子、安達敬子）

実践事例 20 「コミュニケーション」領域

中学部 課題別グループ
なかま・からだ
自分を知ろう・友だちを知ろう
〜友だちとの「同じ」と「違い」を発見しよう〜

友だちに対する興味はありつつも、一方通行になりがちな子どもたち同士に、話しあいやゲームを通し、やりとりの楽しみを共有してほしいと思いました。また、日常でありがちな困難場面をとりあげて、みんなで考えることで、社会的スキルを学ぶ場面もとりいれています。

単元計画
- ●私たちの得意なところ、苦手なところ …… 4時間
- ●こんなときどんな気持ち？ こんな気持ち、どんなとき？ …… 6時間
- ●みんなでやってみよう！ 考えてみよう！ …… 18時間　単元計画の実際→

単元目標と学習内容

1 自分の経験や気持ちを相手に伝える
- ●友だちと話題を共有して話をする。
　　　　　コミュニケーションⅠ-5-②〜⑤　叙述・語り
- ●集団活動の中で気持ちを調整し、場面に応じて折り合いをつける。
　　　　　人間関係Ⅲ-1-④⑤　情動の調整とセルフコントロール

2 状況や相手の気持ちを想像し、適切な行動を考える
- ●現在の話題や相手の状況に合わせて会話をする。
　　　　　コミュニケーションⅢ-2-②〜④　会話の維持
- ●様々な場面で他者の気持ちを想像し、適切な行動を考える。
　　　　　人間関係Ⅰ-2-②〜⑤　共感・共有

3 友だちの活動に対し、ほめたり助言をしたりする
- ●友だちと協力して活動したり、互いの活動にコメントをしあったりする。
　　　　　人間関係Ⅵ-2-①〜⑤　仲間関係

自立活動・日常生活の指導

単元計画の実際　みんなでやってみよう！　考えてみよう！

	学習のねらい	学習活動
1	始めのあいさつ	・号令に合わせてあいさつをする。
2	今回のニュース&インタビュー ・友だちに自分の経験や気持ちを発表する。 ・友だちの発表を最後まで聞いて、質問をする。 ・質問に答えたり、答えにコメントをしたりするなど「やりとり」を行う。 ・友だちの話を最後まで聞いて理解できていたかを確認する。	・司会者（生徒A）が進行し、くじを引いて発表者を一人指名する。 ・発表者は行事や休日の活動について発表し、聞いていた生徒はそれに対し質問をしてやりとりをする。 ・発表内容に関する○×クイズをしながら、話を振り返る。

支援のポイント その1

各テーマに基づく学習活動は、それぞれの生徒が司会を担って進行していき、教師はそれをサポートする。
電子黒板に司会の進行や話しあいの流れや、個々の生徒の話し方への助言をスライドで表示し、生徒の手がかりとしている。

スライドの上部には、各生徒に合わせて「ワンポイントアドバイス」を表示。これを意識し、友だち同士お互いに「その話し方、いいね！」と言葉をかけあいます。

支援のポイント その2

各コーナーの終了時には、役割を評価しあう場面を毎回設け、生徒同士でほめあったり助言をしあったりすることを大切にする。
また、コメントカードをそれぞれが持ち、友だちの話や活動に簡単にコメントできるようにする。

「それいいね！」「おもしろいね！」。
いつでも出せる「コメントカード」です。

3	すいりゲーム ・一つの単語について、単語そのものを言わずに説明する（ヒントを出す）。 ・ヒントが思いつかない場合は、「ヘルプカード（いくつかのヒントが書かれた紙）、おねがいします！」と教師に依頼する。 ・ヒントを聞き、その単語を当てる。	・司会者（生徒B）が進行し、回答者を指名する。回答者は単語くじを引く。 ・回答者は引いた単語を見ないように座り、それ以外の生徒が「答え」を言わずに、回答者にその単語のヒントを教える。 ・回答者は正解がわかった時に答える。 ・全員が順番に回答者を経験する。

「コミュニケーション」領域

単元計画の実際 みんなでやってみよう！ 考えてみよう！

学習のねらい	学習活動
4 今日のあるある！ ～こんな時どうする？～ ・提示された困難場面と自分の経験を結びつけて考える。 ・困難場面での当事者の気持ちや、行動を回答する。 ・友だちの意見を聞き、自分の意見との違いや類似点を知る。 ・適切な行動を考え、実際に演じてみることで気持ちを共有する。	・司会者（生徒C）が進行する。 ・指名された生徒が「あるある！カード」（日常的な困難場面が書かれているカード）を引き、「今日の『あるある場面』」を発表する。 ・場面を共有し、「その時の気持ち」と「自分ならどうするか」を各自で付箋に記入し、順番に発表する。 ・全員の付箋を貼った後、類似した意見ごとに仲間集めをして、思いや考えを共有する。

Aさんは状況を細かく確認しながら、考えを付箋に記入します。

「プリントの問題がわからないよ～…。よし、先生に聞いてみよう！」。生徒役のBさんと教師役のAさん。

・それぞれの付箋を参考に、その場面のロールプレイをする。その時の自分の気持ちや、友だちの行動をどう感じたかをコメントする。
・振り返りシートに記入し、教師に報告する。

5 なかまゲーム（紙送りゲーム） ・話しあいをし、どうチーム分けをするかを決定する（じゃんけん、くじ　など）。 ・「せーの」と声をかけながらジャンプをしたり新聞を引っ張ったりして、友だちとタイミングを合わせてゴールまで移動する。	・司会者（生徒D）がルールを説明し、全員で考えてゲームのチーム分けをする。 ・二人一組で一人が新聞紙に乗ってジャンプし、一人が新聞紙を引っ張り、新聞紙の上から落ちないようにゴールまで移動する。

チームはどうする？　…よし！　今回はじゃんけんで決めよう！

紙送りゲームは、二人の息を合わせないと、なかなか前に進みません。「せーの！」「ぴょんっ」

自立活動・日常生活の指導

学習のねらい	学習活動
6 振り返り ・自分の感想や気持ちや、友だちの活動や頑張りについて発表したり、書いたりする。	・感想や今の気持ちを発表する。 ・友だちの頑張りを評価し、頑張ったと思う友だちにポイントを贈る。 ・振り返りシートに記入し、教師に報告する。

支援のポイント その3

役割や活動での個々の頑張りを教師がその場で評価し、ポイントシールを貼っていくことで、評価を視覚的にわかりやすくして振り返りに生かす。また、最後に友だちの頑張りを互いに評価し、ポイントを贈りあう。

個々の頑張りを認めあうポイント表

7 終わりのあいさつ	・終わりのあいさつをする。

まとめ

1. 授業づくりの工夫！

・互いに「いいね！」を伝えあえる、役割・振り返り・仲間関係！
・それぞれが先生。自分を表現し、快く受け入れてもらえる経験。
・話しあいやゲームなどを通し、様々な形での協同活動・役割分担を経験。

2. 子どもの学び！

・友だちに対するあたたかい言葉かけや、やりとりにつながっている。
・みんなで話して学んだ「切りとられた場面」から、日常の「今！」への気づき。
・友だちから評価を受けることによる変化（声の大きさ、表情、言葉づかい）。

3. 他の単元へのつながり！

・他単元でも活用されている各評価ポイント（他者・相互）を導入することで、望ましい行動が生徒にもわかりやすくなる。
・友だちへのよりよい関わり方や言葉かけ、集団での意思決定など、学校生活全般に関わっている。

クラスの友だちとも「できたね！」「やったね！」のハイタッチ！

高尾山登山では他の学年の友だちとも一緒に、楽しい時間を過ごしています。

（髙津梓）

総合・作業学習・生活単元学習

「社会生活・進路」領域

「くらし」「働く」「余暇」で必要な総合的な力を養う

領域のねらいと特徴

学習内容表の7領域の一つである「社会生活・進路」領域では、幼児児童生徒がそれぞれに必要な支援を受けながら、他の6領域に含まれる様々な知識や技能を統合し、社会生活（くらしの場、働く場、余暇の場）で活用する力を育むことをねらいとしている。したがって、この特徴の一つとして、他の6領域それぞれとのつながりをもつ、統合的、発展的な領域であることが挙げられる。

そのため、具体的な学習内容については、幼児児童生徒それぞれの社会生活の様相を話題にし、家庭・地域支援に関する内容を併せてとりいれている。

なお、他領域との関連については、学習内容表の中において「○○領域と関連」「○○領域を参照」などの記述で示している。

項目の構成

他の6領域の学習内容とのつながりを見ながら、幼稚部から高等部まで、それぞれの生活段階における社会参加が、質的に高まったり、量的に増えたりすることをねらっている。

大項目を社会生活の3つの場（「Ⅰ. くらし（生活）の場」「Ⅱ. 働く場（働く場での技能）」「Ⅲ. 余暇の場」）で構成し、幼児児童生徒が、それぞれの場でよりよく参加するために必要な内容を設定した。

また、習得が望ましい段階については、他の領域が高等部までの5段階であるのに対して、本領域では高等部卒業後（19歳～21歳程度）の生活も視野に入れた6段階を設定した。

「社会生活・進路」領域の構造図

授業づくりのここがポイント！

それぞれの生活段階における社会参加の姿を考える（キャリア発達の観点）

本領域のねらいは、キャリア発達「社会の中で自分の役割を果たしながら、自分らしい生き方を実現していく過程（中央教育審議会、2011）」の考え方と共通するところがある。

キャリア発達について国立教育政策研究所生徒指導研究センター（2002）は、職業観や勤労観といった職業的（進路）発達の段階を挙げている。具体的には小学校段階を自己および他者への積極的関心の形成・発展といった基盤形成の時期、中学校段階を肯定的自己理解と自己有用感の獲得といった現実的模索と暫定的選

授業で作った製品を大塚祭で販売する。

「社会生活・進路」領域
「くらし」「働く」「余暇」で必要な総合的な力を養う

択の時期、高等学校段階を現実的模索・試行と社会的移行準備の時期としている。

同様に本領域を中心に授業を行う際には、幼児児童生徒それぞれの生活の段階（ライフステージ）を考えることが重要である。例えば中学部の「作業学習（藍染め）」の授業（198～201ページ参照）では、報告カードやグッドポイントカードなどの教材を活用しながら、目標に向かって、生徒が主体的に取組む姿勢を育むことをねらっている。

また高等部の「作業学習（焼物）」（202～205ページ参照）では、技術や工程の理解に加えて、報告・連絡・相談などの態度を養うこと、さらには大塚祭（文化祭）での販売活動など、先の目標への見通しをもって製品づくりに取組むことをねらっている。

このようにそれぞれの生活段階で必要な知識や技能、意欲や態度、理解力・判断力・表現力を育てることが重要である。

様々な人と関わる中で、社会参加の場を広げる

本領域を中心とした授業を行う際には、幼児児童生徒それぞれの家庭や地域での関わりの様子を把握しながら、授業に生かすように努めたい。その際、学校内外の様々な人との関わりの中で学習する機会を設定することは重要である。

附属小学校の友だちと一緒に、掘ったさつまいもを協力して運ぶ。

例えば小学部では、附属小学校の児童との継続的な交流学習を通して、相互の理解や関わりが深まっている。運動会で行った表現活動を交流会で行い、本校の児童が交流校の児童にモデルを見せるなど、お互いに相手に伝えられることを考え、交流活動の場面に生かしている。

社会参加を考える際には、双方にとって学びのある学習内容や場の設定が重要である。

子どもたちの夢、憧れ、価値観に迫る

　社会生活への広がりをねらいとした本領域の授業を考える際に、子どもたちの「夢や希望、憧れる自己イメージ（国立教育政策研究所生徒指導研究センター、2002）」に迫ることはキャリア発達の観点からも重要である。具体的な方法の一つとして、保護者や支援者の願いや思い、幼児児童生徒の夢や憧れなどを含めた個別の教育支援計画を、アイデアプロセッサなどのツールを用いて図式化し、社会生活への見通しを共に確認・共有する取組み（宇佐美、2012）も行われている。

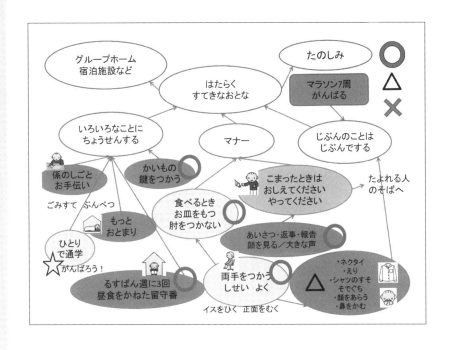

学習内容表　「社会生活・進路」領域

大項目	小項目	①	②
I.くらし（生活の場）	1.地域での生活	・地域での生活の経験をする（地域の行事）。	
	2.地域社会での 　サービスの利用	・地域の様々な機関のサービスを受ける（公園、移動支援など）。	・地域の様々な機関のサービスを受ける（児童館など）。
	3.安全・健康なくらし	生活領域I-(5)、II-(1)(2)(11)(12)を参照	人間関係領域VII-7を参照
	4.豊かな人間関係		
	5.自立的なくらしを支える 　生活知識・技能 　（生活領域IIと関連）	生活領域IIを参照	
	6.くらしの中の金銭管理 　（認知領域II-(17)と関連）	・お金を払う経験をする。	
	7.くらしの中での 　行動管理	人間関係領域IV-2を参照	・カレンダーに書かれた予定がわかる。
	8.くらしの中での 　物の管理	生活領域II-(2)を参照	・財布を持つ経験をする。
	9.自治的活動 　（社会体験的活動）		
II.働く場 （働く場での技能）	1.機器のあつかい	・玩具や道具の正しい使い方がわかる。	
	2.質	・物の良し悪しがわかる。	・物を見比べ、違いがわかる。
	3.量（スピード）	認知領域II-(12)を参照	・時間（はやく）や量（たくさん）がわかる。
	4.数量 　（認知領域IIと関連）	認知領域II-(1)(2)(3)を参照	
	5.働く場での金銭 　（認知領域II-(17)と関連）		
	6.体力		

総合・作業学習・生活単元学習

原則として、①4～6歳（幼稚部） ②7～9歳（小学部低学年） ③10～12歳（小学部高学年）
④13～15歳（中学部） ⑤16～18歳（高等部） ⑥19～21歳（高等部卒業後）

③	④	⑤	⑥	本体・CD収録の単元例
・地域での生活の経験をする（地域の行事）。	・地域での宿泊を伴う生活に慣れる（ショートステイ、キャンプ）。	・地域での生活に必要な知識、ルール、マナーを身に付ける（生活体験実習、現場実習の施設利用など）。	・社会資源を知り、地域での生活に必要な知識、ルール、マナーを身に付ける（通勤寮、グループホームの利用など）。	
・地域の様々な機関のサービスを受ける（児童館など）。	・地域の様々な機関のサービスを受ける（図書館、郵便局、児童館など）。	・福祉サービス（手帳、年金）について知り、利用する。 ・地域の様々な機関のサービスを受ける（役所、保健・福祉センター、図書館、郵便局、銀行など）。		
生活領域Ⅰ-(5)、Ⅱ-(1)(2)(11)(12)を参照 人間関係領域Ⅶ-7を参照	・何が安全、健康なくらしなのかわかり、その手段を知る（防犯、施錠、留守番、通院、服薬、食品衛生、健康・清潔、性）。			
	人間関係領域Ⅶ-8 Ⅶ-10を参照	・ルールやマナーを守り、円滑な人間関係をつくるための情報交換や交流をする（携帯電話、メールの使用、手紙を書く、家族や親戚とつきあう）。		本体21.小学部（学部）
生活領域Ⅱを参照		・知識や技能を生かして、自立した快適な生活を送る。		
・お金を払う経験をする。	・簡単な金銭管理の経験をする（小遣い帳を付ける）。	・生活に必要な金銭について知る（光熱費や税金などの家計）。		
・カレンダーに予定を記入する。	・カレンダー、時計などを用い、自分の予定を管理する。	・カレンダー、手帳、時計などを用い、自分の予定を管理する。		
・切符、財布を持つ経験をする。	・貴重品（財布、切符、手帳など）を自分で管理する。			
	・自分たちで課題を解決する経験をする（生徒会）。	・自分たちで課題を解決する経験をする。 ・選挙に関心をもち、投票の仕組がわかる（生徒会）。 ・自分たちで生活のルールを考え話しあう経験をする。	・選挙に関心をもち、投票をする経験をする。	CD7.中学部（縦割りグループ）
・道具の名称がわかる。	・機器の操作をする。 ・安全に使う。	・機器の手入れをする。		CD8.中学部（縦割りグループ）
	・でさばえ（仕上がり）を意識する。 ・不良品がわかる。	・規格品（決められたもの）を作る。	・作業効率を考えて実行する。	CD13.高等部（縦割りグループ）
・時間や量を意識して作業を進める（タイマーなどの使用）。	・自分で時間や量を意識して作業を進める。	・納期を意識して作業を進める。		CD14.高等部（縦割りグループ）
・5、10などのまとまりがわかる。	・数字と量の関係がわかる（デジタルの秤が使えるなど）。 ・数字と長さの関係がわかる。			CD12.中学部（縦割りグループ）
・販売活動を通して、製品を売り、収入（金銭）を得ることを知る。	・販売活動を通して、売り上げ、お釣りの計算などの金銭管理をする。	・販売活動を通して、支出と収入の関係がわかる。売り上げ、材料費、利益がわかる。		CD1.中学部（学部）
	・決められた時間（1日）、立って仕事をする。	・決められた時間（連日）、立って仕事をする。		

「社会生活・進路」領域

大項目	小項目	①	②
II. 働く場 （働く場での技能）	7. 安全性（自分）	・身のまわりの危険なもの（火、水、高所、刃物）がわかる。	
	8. 安全性（他者）	・身のまわりの危険なもの（火、水、高所、刃物）がわかる。 人間関係領域I-3、4を参照	
	9. 報告・連絡・相談	コミュニケーション領域I-6、7、8を参照	
	10. 計画性	人間関係領域IV-1を参照	
（働く場での態度・意欲）	11. 指示や説明の 理解・応答と遂行 （素直さ・謙虚さと意思の伝達） 認知I、コミュニケーションII、 人間関係Iと関連		・他者の働きかけを受け入れる。
	12. 協力 （人間関係領域VI-1、2と関連）		
	13. 責任感 （人間関係領域VI-1と関連）		
	14. 目的意識 （人間関係領域V-2と関連）		
	15. 集中力・持続力		
	16. 現場実習	・身近な人（家族など）が仕事をしていることを知る。 （例：「パパ、かいしゃ」など） 人間関係領域VI-1を参照	
III. 余暇の場	1. 豊かな活動レパートリー （人間関係領域VII-6と関連）	・様々な遊びの経験をする（休み時間、習い事）。	・自分が行う活動について発表する経験をする。 ・他者が行う活動について見たり聞いたりする経験をする。
	2. 自己選択・自己決定 （認知領域I、コミュニケーション領域Iと関連）	・好きなこと、ものがわかる。 人間関係領域II-1を参照	・好きなこと、ものを選ぶ。

総合・作業学習・生活単元学習

③	④	⑤	⑥	本体・CD収録の単元例
・指示された危険なものに近づかない。	・危険なものに対する指示や表示がわかる。	・危険なものを自分で判断し、近づかない。		CD11.中学部（縦割りグループ）
・自分の行っていることの危険性がわかる。	・他者の安全に気を付けて作業をする。			CD9.中学部（縦割りグループ）
・困ったことがあれば助けを求める。 ・終わったら報告する。	・必要な時（節目、失敗、トラブル、危険など）に気づいて連絡、報告、相談をする。	・作業の状況や場に応じた報告、連絡、相談をする。		CD2.高等部（1年） CD16.高等部（3年） 本体22.中学部（学部）
・1日の作業を見通す。 ・短い工程がわかる。	・一つの製品ができあがる工程がわかる。	・生産目標、作業工程、作業効率を理解する。	・生産計画を立てて実行する（時間配分を考える）。	本体23.高等部（学部）
・指示や説明を傾聴しようとする。 ・自分の意思を伝える。	・指示や説明がわかり、受け入れて行動する。 ・自分の意思や仕事の状況を伝える。	・意見をすり合わせた上で仕事に取組む（交渉、調整）。 ・職場で求められる人間像（素直である、まじめである、自分の態度を反省する、明るい、協調する、感謝の気持ちを表す、思いやりがある）を知る。	・意見をすりあわせた上で仕事に取組む（交渉、調整）。	CD6.中学部（縦割りグループ）
・みんなと一緒に仕事をする。	・2人で協力して作業をする。 ・グループで協力して作業をする。	・分担した仕事に責任をもち、協力して作業に取組む。		CD15.高等部（縦割りグループ）
	・分担された仕事に進んで取組む。	・相手（お客さんなど）がいることがわかり、仕事に進んで取組む。	・相手への責任をもって作業を行う。 ・製品に対する責任をもって作業を行う（ほしいと思うような製品を作る）。	
		・働くことの意義（労働と報酬、仕事の達成感や責任感、誇りなど）がわかり、意欲的に仕事に取組む。		CD3.高等部（2年） CD17.高等部（3年）
	・決められた時間、集中して作業を続ける。	・仕事の内容や状況がわかり、集中して作業を続ける。		CD10.中学部（縦割りグループ）
・身近な人（家族など）が仕事をしていることを知る。（例：「パパ、かいしゃ」など） 人間関係領域Ⅵ-1を参照	・働くための基礎的な知識を身に付ける（身近な仕事について知る。生産物がどこでどのように作られるのかを知る）。 ・情報機器の使い方を身に付ける。	・現場実習についてわかる（体験する、評価を受けとめる、評価に向かってチャレンジする）。		CD4.高等部（3年）
・自分が行う活動について発表する経験をする。 ・他者が行う活動について見たり聞いたりする経験をする。	・明日への活力へとつながる（リラックス、感動、発散、チャレンジと達成感を得るなど）活動のレパートリーを広げる。 ・仲間とともに活動を企画、体験する。			
・様々な活動レパートリーの中から選んで活動する体験をする。		・余暇活動を行うための方法（お金、時間、手続きなど）がわかる。		CD5.高等部（3年） 本体24.高等部（学部）

実践事例 21 「社会生活・進路」領域

小学部 交流学習＜芋掘り＞
～一緒に身体を動かして仲良くなろう！～

交流および共同学習では、障害のある児童とない児童が活動をともにすることで互いを正しく理解し、助けあい、支えあって生きていくことの大切さを学ぶことが大切です。インクルーシブ教育の理念を語ることから、具体的な方法論の検討へ向けて、保護者を巻き込める場を設けました。校外で子どもたちにダイナミックで多種多様な集団活動を経験してほしいと願い、本単元を設定しました。

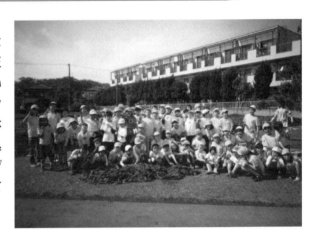

単元計画
- 学校紹介 …… 2時間
- 芋掘り交流会 …… 6時間　単元計画の実際→

単元目標と学習内容

1 目的や流れを知り、交流校の友だちや保護者と活動する楽しさを味わう
- 活動の中での役割を知り、他校の友だちと力を合わせて活動し、ともに季節の味覚を味わう。
　　　　　　　　　　　　　　　　　　　　　人間関係 Ⅵ-1-②　役割

2 多様な活動を経験し、ともにふれあいながら感動を共有する
- 校内外での交流活動や共同学習を通じて互いにふれあい、積極的に活動へ参加する。
　　　　　　　　　　人間関係 Ⅴ-2-②　目標にポジティブに向かう姿勢
- 手をつなぎ、歌やダンス、簡単なゲームをしたり、互いの特技を披露したりする。
　　　　　　　　　　　　　　　　　　　　　情操 Ⅱ-4-②　身体表現

3 コミュニケーションを楽しみながら、ルールやマナーを守る
- 交流の中で、経験したことや気持ちを表現し、報告する。
　　　　　　　　　　　　　コミュニケーション Ⅰ-5-③　叙述・語り
- 円滑な人間関係を築くための情報交換や公共の場所でのきまりやマナーを守る。
　　　　　　　　　　　　　社会生活・進路 Ⅰ-4-⑤　豊かな人間関係

総合・作業学習・生活単元学習

単元計画の実際　芋掘り交流会

	学習のねらい	学習活動
1	始めのあいさつをする	・バスを降車後、教場で芋掘りの準備をする。両校が対面して畑の前に並ぶ。 ・司会の児童があいさつをする。
2	活動の内容を知る	・司会の児童が、活動内容と手順を説明する。 ・調理（カレーライス、豚汁、焼き芋など）をする保護者へお世話になることをお願いする。
3	芋掘りをする 	・チームに分かれて自己紹介後、芋を掘る。本校の児童一人につき、交流校の児童2～3人のグループになって掘る。 ・掘った芋を周囲にまとめる。チームごとに芋の山を作る。 
4	芋を運ぶ	・芋をカゴに入れる。 ・力を合わせて掘った芋を運ぶ。 

支援のポイント その1

チームで芋を掘る楽しさを味わえるように、周囲の大人がはげます。児童が穴を掘って、芋を掘りやすく工夫したり、友だち同士で協力しあって掘ろうとしたりする時は、「すごいね」「ありがとう」「助かるね」など、周囲の児童が気づけるような言葉がけをする。

支援のポイント その2

チームで協力して掘った芋であることを児童自身へ意識づけるために、芋の運搬をチームで行うよう促す。周囲の大人はチームの活動に入り、運搬の困難な児童がいたら、「重くて運べないね」と声をかけ、他児へ援助の気づきを促す。

「社会生活・進路」領域

単元計画の実際 芋掘り交流会

学習のねらい	学習活動
⑤ レクリエーションをする 	・チームで誘いあって集まる。 ・司会がゲームの説明をする。 ・ボール送りゲームをする。 　みんなで手をつないで輪になる。 ・かくれんぼをする。 　チームでまとまって隠れる。 ・輪になってダンスをする。

支援のポイント その3

手をつなぐ際、両校の児童が固まらないよう誘導し、大人が児童の間に入って輪を作る。本校の通常の活動で行っているダンスでは、教師自ら生き生きと踊って見せる。児童へも楽しさを感じられるよう、「上手だね」「ノリノリだね」などの言葉がけをして自信をもって表現できるようはげます。

⑥ お弁当を食べる 	・チームで場所を決めて昼食をとる。 ・保護者の作ってくれたカレーや焼き芋を食べる。保護者への感謝の気持ちを身振りや手振り、言葉などで表す。 ・掘った芋の話をしながら、友だち同士で食べる。
⑦ まとめの会をする	・両校が向かいあって、集合する。 ・本校の保護者からのプレゼントを渡す。 ・両校の児童や教師が感想を発表しあう。 ・終わりのあいさつをして、バスに乗車する。

支援のポイント その4

楽しかった様子を想起できるよう、感想を発表する。児童も教師も交流校の児童の名前を呼んだり、互いに握手をしたりなど、スキンシップをして、「また、会おうね」と話す。再会を期待しながら、「ありがとう、さようなら」のあいさつをする。

総合・作業学習・生活単元学習

まとめ

1. 授業づくりの工夫！

・3つの「間」である「仲間と空間と時間」の共有、スキンシップで仲良くなる！
・みんなで力を合わせて協力することで、楽しみが広がり経験を共有できる！
・汗を流して活動すること、歌、ダンス、ゲームでワクワクしながら互いを知りあう！

2. 子どもの学び！

・たくさんの友だちができた！ 芋を家庭に持ち帰り調理したら、家族の会話がはずんだ！
・ルールを守れば、楽しく遊べる、仲間が増える、自信をもって自分を表現できる！

3. 他の単元へのつながり！

・社会性を育てる活動の単元や異年齢の友だちとの活動へつながる。
・交流学習の内容に多様性が生まれ、深まりのある柔軟な活動を展開できる鍵になる。

近隣の通常校との交流
「名刺交換」場面

他校児童、大学生との交流
「造形」場面

みんなで楽しい表現活動
「舞台」場面

（安達敬子、根岸由香、田上幸太、飯島啓太、伊藤かおり、若井広太郎、森芸恵、佐藤知洋、田口悦津子、内倉広大）

実践事例 22　「社会生活・進路」領域

中学部学部

藍染め班（前期）
～素敵な藍染め製品を作ろう　附属高校文化祭に向けて～

交流および共同学習の相手校である附属高校の文化祭で作業製品を頒布する経験を通して、「お兄さん、お姉さんに買ってもらいたい」という明確な目標に向けて主体的に取組む姿勢が育ってほしいと考えました。

単元計画
- 製品の絞り（巻き上げ絞り・縫い絞り）…… 14時間　単元計画の実際→
- 染色（藍染め）…… 6時間
- アイロンがけ・袋詰め・販売準備 …… 6時間

単元目標と学習内容

1　藍染めの基本的な工程を理解し、目標をもって製品作りに取組む

- 作業の流れ、製品作りの工程を理解する。
  - 人間関係Ⅳ-1-①～⑤　活動の流れの理解
- 作業の目標をもって自分から取組む。
  - 人間関係Ⅴ-2-②～⑤　目標にポジティブに向かう姿勢

2　絞り染めに必要な材料や道具のあつかいに慣れる

- 両手を使って布を糸で巻き上げながら絞る。
  - 認知Ⅰ-4-①～③　手指の操作（両手）
- 簡単な手縫いによって布を絞る。糸通し、玉結び、玉止めをする。
  - 生活Ⅱ-(4)-1-④⑤　手縫い

3　働く場で必要な姿勢を知り、課題解決する力を身に付ける

- 作業経過を報告する。困ったことがあれば援助を求める。
  - 社会生活・進路Ⅱ-9-③　報告・連絡・相談

総合・作業学習・生活単元学習

単元計画の実際 製品の絞り

学習のねらい	学習活動
① 作業日誌を記入する ・本時の作業内容を確認し、目標を設定する。 ・目標を教師（メインティーチャー）に報告する。	・作業室に移動する。 ・記入用紙をとりにいく。 ・作業内容を板書し、目標を記入する。 ・報告した後、日誌ファイルに綴じる。
② 絞り染めをする ・手元をよく見て道具をあつかい、生地に絞りを入れる。 ・縫い絞りの糸通しや玉止めをする。 ・一つひとつの作業が終わったら教師（メインティーチャー）に報告する。 ・困った時には教師（メインティーチャー）に援助を求める。 ・報告カードを活用し、アドバイスを意識しながら作業する。	・材料と道具を準備する。 ・巻き上げ絞り：糸と割り箸を使って布を巻き上げ、糸をくくり、絞り上げる。 ・縫い絞り：針と糸を使って模様を平縫いし、糸を引き締めて巻き上げる。 ・一つの模様づけが終わったら、絞りを入れた布と報告カードを持って報告する。 ・報告カードに記載されたコメントを意識して次の作業を行う。 ・糸が短くなったり、玉止めができなくなったりした時には、教師（サブティーチャー）に援助を求める。
③ 作業の振り返りをする ・作業を振り返り、本時の反省と次の目標を発表する。 ・本時の成果を認めあう。	・材料と道具を片づける。 ・日誌に反省と次時の作業を記入する。 ・製品の実物と報告カードを提示しながら自分が頑張ったことを発表する。

支援のポイント その1

巻き上げ絞りでは、①巻き上げるための糸を棒に巻き付ける作業と、②布に巻き付ける作業を行う。
力強く糸を巻き上げられるよう万力を使って糸を固定する。
①②それぞれの作業ごとに報告カードを持って教師（メインティーチャー）に報告し、確認シールとコメントをもらう。

トートバックに糸を巻き上げるAさん。

「社会生活・進路」領域

単元計画の実際 製品の絞り

学習のねらい	学習活動

支援のポイント その2

報告カードは、作業日誌とは別に準備し、一日ごとに記録する。教師（メインティーチャー）は生徒の机から離れた場所にある教卓で待機し、報告や困った時の援助は席を立って教師（メインティーチャー）のところへ来るように促す。補助教師（サブティーチャー）は、生徒の作業を観察し、必要に応じてメインティーチャーに報告や援助を受けるよう促す。

報告カードを持って玉止めの援助を求めるBさん。

支援のポイント その3

生徒によって作業の工程も工夫する。例えばAさんには、作業工程を細分化し、報告の機会を多く設定し、報告カードに、一つひとつの作業ごとに確認シールを貼付した。Aさんがほめられる経験を積み重ね、自信をもって取組めるように補助教師（サブティーチャー）は報告カードを読み上げて再評価した。
報告カードは日誌にファイルし、学級や家庭に持ち帰り、1日の作業で頑張った結果を振り返るツールとして活用する。

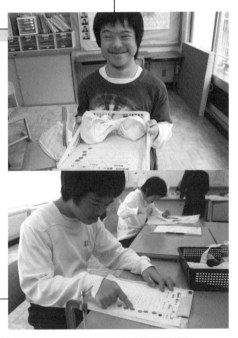

笑顔で報告し、報告カードに貼られたシールの数を数えるAさん。

支援のポイント その4

報告カードには、確認シールと合わせて、絞り方のよかったことや注意事項などのコメントを記入する。言葉の指示を視覚的に示すことで、どこに気を付けて平縫いしたらよいかを意識させる。糸が絡まるなどのトラブルを自分で解決した場合には、その場で教師の援助がなくてもできたことをほめる。

報告カードに記載された教師のコメントを確認しながら作業するCさん。

総合・作業学習・生活単元学習

報告カード

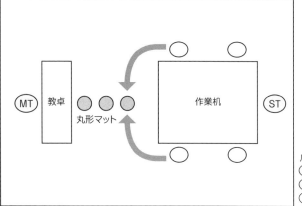

報告の順番を意識させるために、教卓の前に丸形マットを並べました。生徒は丸形マット上に立って順番を待ち、一人ずつ前に進みます。

まとめ

1. 授業づくりの工夫！

- 作業の報告場面を多く設定することでほめられる機会を増やし、意欲的に取組めるように工夫をした。
- 評価が視覚的に示された報告カードを活用し、確認シールによるほめられた数や作業の注意事項などを生徒自身が振り返りやすいように工夫をした。

2. 子どもの学び！

- 教師や友だちにほめてほしいという気持ちや、期待に応えたいという気持ちが育ち、目標に向けて努力する姿が見られるようになった。
- 報告カードを拠り所にしながら作業を進めることで、教師に頼ることなく自信をもって取組もうとする姿勢が育った。
- 困った時には、自分から教師のところに行き、援助を求められるようになった。

3. 他の単元へのつながり！

- 個々の主体的な活動を促進するために学部共通で取組んでいる「グッドポイント」を活用することで、作業目標以外にも個々に努力する姿を評価できる。
- 同様の報告場面を「言語・数量（自立活動）」で設定し、基礎的・基本的学習を通して目標をもって自分から活動に向かう力や課題解決する力を育む学習を展開する。

シートに貼られたポイントシール

（中村 晋、漆畑千帆）

実践事例 23　「社会生活・進路」領域

高等部1・2年　機械ロクロで成形しよう
～態度・技能の基礎的な力を身に付けよう～

班の仲間と協力して製品を作ることや、技術を高め自分で製品を作れるようになることで、自信や喜びにつながってほしいと考えました。また、現場実習や社会に出た時に必要な「報告」「連絡」「相談」も意識できるようにしました。

単元計画

- 手びねりで粘土に慣れよう …… 10時間
- ビデオを観て、焼き物の作り方を学ぼう …… 2時間
- 機械ロクロで成形しよう …… 112時間　単元計画の実際→

単元目標と学習内容

1 作業をする上で必要な態度を養う

- 教師の指示をしっかりと聞き、報告、連絡、相談ができる。
  社会生活・進路Ⅱ-9-③～⑤　報告・連絡・相談
- 始まりの会や作業ノートの記入を通して役割を理解し、責任をもって取組む。
  人間関係Ⅵ-1-④⑤　役割

2 機械ロクロでの製品作りに必要な共通の工程を理解する

- 手順表を見て、各工程に必要な技術を知る。
  社会生活・進路Ⅱ-10-①～⑤　計画性
- 機械ロクロを使用した製品作りの準備から片づけまでの一連の流れを理解する。
  人間関係Ⅳ-1-①～③　活動の流れの理解

3 作業室にある機械や使用する道具の用途を知る

- 具体物や写真を見て、機器・道具の名称や、正しいあつかい方、片づけ方を理解する。
  社会生活・進路Ⅱ-1-①～⑤　機器のあつかい

総合・作業学習・生活単元学習

単元計画の実際　機械ロクロで成形しよう

1

学習のねらい

始めの会
・指導者の指示を聞き、必要なことを作業ノートに記入することができる。
・各工程で気を付けるポイントを知る。
・友だちの目標を聞き、共有することができる。

学習活動
・指導者の話を聞き、各自が作業ノートに仕事内容や分担、目標について記入する。
・個々に、作業での注意点や目標を発表する。

支援のポイント その1

作業ノートには、具体的な目標を書くことができるように欄を設ける。また個の実態に応じて活動内容がわかる写真を貼り付けられる作業ノートを用意する。

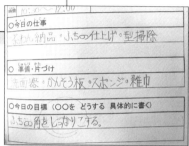

個の実態に合わせた作業ノート

2

準備
・焼き物班全員で、協力して準備をする。

手順表は二人で確認

・計量、型押し、機械ロクロの三つのグループに二人ずつ分かれて、それぞれ準備カードを見て、機械ロクロ成形に必要な道具を準備する。
・準備が終わったグループは他のグループを手伝う。

支援のポイント その2

二人で一枚の手順表を渡し、グループごとに確認をするように促す。

3

作業
・工程ごとに、教師に報告をする。
・実態に応じた手がかりを用いて、機械ロクロでの成形の流れを理解する。
・製品作りの気を付ける点を知る。
　①必要な粘土を正確に量る。
　②きれいに丸める。
　③型押し棒でまっすぐ押す。
　④機械ロクロの刃をゆっくり下ろす。
　⑤型にヘラを平行に当てる。

・機械ロクロ作業
　① 粘土の計量
　　粘土のかたまりからちぎって計量する。

203

「社会生活・進路」領域

単元計画の実際 機械ロクロで成形しよう

学習のねらい	学習活動
	② 計量した粘土のしわとり 　しわがないように丸める。 ③ 型押し 　型押し棒を使って石こう型の底に押しつける。
支援のポイント その3 「報告」を意識しやすいように各工程ごとに、報告する場面を設定する。また、「報告」の際、製品作りの気を付ける点と合わせることにより、製品作りのポイントに自分で気を付けることができるようにする。	④ 機械ロクロでの成形 　機械ロクロの刃をゆっくり下ろす。 　型にヘラを平行に当てて縁をきれいにする。
片づけ ・協力して片づけをする。	・使用した道具を洗う係、機械ロクロまわりの清掃、机拭き、それぞれ分担して片づけを行う。
⑤ まとめの会 ・「あいさつ」「報告」「作業工程」について自己評価を行う。 ・がんばった点、次回気を付ける点について発表する。 **支援のポイント その4** 友だちの発表を聞き、さらに自分が気を付ける点について考える（共有する）。	・作業ノートに「あいさつ」「報告」についての自己評価を記入する。 ・まとめの会で頑張った点、次回気を付ける点について発表する。

総合・作業学習・生活単元学習

教材の工夫・配置図

台秤の目盛りを色で分け、黄色（右写真「まる」と表示されている箇所）に針がくると適量の重さであることが視覚的にわかるように工夫しました。

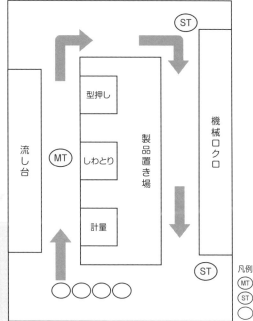

導線を一本にして作業工程の順番に課題を配置することで、活動に見通しをもちやすくしました。また、友だちの様子を見あうことができるように配置し、相手を意識しながら活動に参加できるように工夫しました。

凡例
- MT メインティーチャー
- ST サブティーチャー
- ○ 生徒

まとめ

1. 授業づくりの工夫！

- 個に合わせた手順表を使って、作業の流れを確認しやすくした。
- 「あいさつ」「報告」する場面を設定し、作業ノートの評価欄を場面ごとに分けることにより、自己評価をしやすくした。
- 始めの会、まとめの会で互いの目標、反省を発表し聞きあうことで「連絡」を意識できるようにした。

個に合わせた手順表

2. 子どもの学び！

- 個に合わせた手順表を用いるとともに、導線を一つにして各工程を配置することにより、機械ロクロ成形の流れが定着した。
- 授業内で「報告」の場面を設定し、場面ごとに自己評価することで「報告」が定着した。

3. 他の単元へのつながり！

- 現場実習や自立した社会生活での態度へとつながる。
- 粘土成形に必要な手指の巧緻性、力のコントロールなど、身体の発達と調整力を高めることへつながる。

（森澤亮介、正木隆、上田みどり）

実践事例 24 「社会生活・進路」領域

高等部学部

大塚祭学習発表
オリンピックの感動を伝えよう
〜自分たちで調べて感動したことをいろいろな表現方法で伝えよう〜

生徒が「今、すべきこと」を考え日々の生活を見直す機会としたいと思い、多くの生徒が興味をもちやすい「オリンピック」というテーマを単元としてとりあげました。

単元計画

①大塚祭について知る … 1時間
②オリンピック選手に感動を伝える … 3時間 〔単元計画の実際→〕
③オリンピックについて調べる … 5時間
④オリンピックに関する知識や感動を表現する … 8時間 〔単元計画の実際→〕
⑤舞台発表の練習を行う … 7時間
⑥舞台発表を行う … 行事
⑦舞台発表を振り返る … 2時間

単元目標と学習内容

1 自分で調べたい選手や、所属したい発表グループ等を自分で選択する

● オリンピック選手や種目、複数の発表グループの中から自分の興味のあるものを選ぶ。
　　　　　　　　　　　　　　　　　社会生活・進路 Ⅲ-2-②〜④　自己選択・自己決定

2 オリンピックについて興味関心をもち、選手や競技等について調べることができる

● インターネットや図書、新聞などを利用する。
　　　　　　　　　　　　　　　　　　　　　　生活 Ⅳ-(2)-1-④⑤　情報を得る

● 国名や人種について知る。
　　　　　　　　　　　　　　　　　　　生活 Ⅳ-(3)-3-④⑤　多様な民族・文化への関心

3 オリンピックについての知識や、オリンピックから感じたことや考えたことを言葉や歌、ダンス、作品などの表現で、皆の前で積極的に発表することができる

● 主体的かつ自信をもって舞台準備、練習、発表に取組む。
　　　　　　　　　　　　　　　　　　　人間関係 Ⅴ-2-④⑤　目標にポジティブに向かう姿勢

● 自分の役割に責任をもち、舞台発表に取組む。
　　　　　　　　　　　　　　　　　　　　　　人間関係 Ⅵ-1-④⑤　役割

● 大塚祭(文化祭)の目的と目標を理解し、協力して取組む。
　　　　　　　　　　　　　　　　　　　　　　人間関係 Ⅵ-2-④⑤　仲間関係

総合・作業学習・生活単元学習

単元計画の実際 ②オリンピック選手に感動を伝える

学習のねらい
・インターネットや図書、新聞などを利用する。
・選手や開催された国名、人種について知る。
・手紙などを出したい選手を選ぶ。
・自分の意見を多くの人の前で発表する。

学習活動
・オリンピック選手についてインターネットで調べる。
・手紙やビデオレターで感動を伝えたい、会ってみたいと思う選手を選ぶ。
・絵や写真を用いたり、文章で表現したりして、選手への手紙やビデオレターを作成する。
・送付したり、大使館や所属会社に持参したりする（返信があれば、単元計画③以降に役立てる）。

支援のポイント その1

生徒の主体的な活動を導くためには、自己選択、自己決定する機会を設けるとともに、本物（オリンピック選手や大使館、博物館等）に触れることが大切である。今回、柔道の杉本美香選手、平岡拓晃選手に実際にお会いできた経験が、生徒のモチベーションを高めることにつながった。

ボルト選手への手紙を、ジャマイカ大使館へ持参した際、大使館職員の方と交流を行い、他の国についても知る機会を得ることができた。

単元計画の実際 ④オリンピックに関する知識や感動を表現する

学習のねらい
〇開会式の紹介グループ
・インターネットや図書、新聞などを利用する。
・国名や人種について知る。
・主体的かつ自信をもって舞台準備、練習、発表に取組む。

学習活動
・実際の開会式の映像を観て、使われている道具が何かを知る。
・トーチや聖火台などの道具を紙や段ボールなどを用いて作成する。

「社会生活・進路」領域

単元計画の実際 ④オリンピックに関する知識や感動を表現する

学習のねらい	学習活動
○クイズグループ ・インターネットや図書、新聞などを利用する。 ・国名や人種について知る。 ・主体的かつ自信をもって舞台準備、練習、発表に取組む。 ・自分の意見が違っていても、班で話しあった結果を認め、決まったことを受け入れる。	・様々な競技、選手の映像を観る。 ・柔道、卓球、幅跳び、100m走などの競技の特徴や、特徴のある選手のものまねなど、印象に残ったものを発表しあう。 ・題材にするオリンピックの競技や選手を話しあって決める。
○表現グループ ・インターネットや図書、新聞などを利用する。 ・国名や人種について知る。 ・博物館に行きサッカーやサッカー選手について調べる（本時ではサッカーを選択していた）。 ・主体的かつ自信をもって舞台準備、練習、発表に取組む。 ・自分の考えを順序立てて、文章を書く。	・選手の属性や名言について、辞書やインターネットなどで調べたり、教師と一緒に考えたりする。 ・どのような思いで、その言葉を発したのかについて考え、何が大事だと言っているかを読みとる。 ・自分に置き換えて、ふだんの生活で生かしていくことができないか考える。 ・サッカーミュージアムに行き、サッカーの展示を見たり、館長にサッカー選手の強さの秘訣について質問したりする。 ・感動した選手の言葉で共感したところ、自分が頑張りたいと思うことなど、考えたことを順序立てて文章にまとめる。

聖火台に火が灯り、生徒の手作りの開会式で、学習発表会の始まりを告げる。

支援のポイント その2

グループ編成では、基本的に生徒の希望を重視する。また、グループの特徴自体を生徒の実態を想定して考えることで、生徒の希望だけでなく、教師のねらいも含めたグループ編成を行うことができる。

○開会式の紹介グループ
聖火台やトーチなど自分たちで使う道具から手作りし、作ったものを使って全身を使った表現ができるようになっている。

○クイズグループ
オリンピック選手について調べたことが、直接舞台発表につながるため見通しがもちやすい。生徒が中心となり舞台づくりに協力して取組むことで、人との関わりの拡大をねらうことができる。

実際のバレーボール選手の身長やジャンプの到達点を調べ、模型を作ってクイズ形式で紹介した。

総合・作業学習・生活単元学習

○表現グループ
オリンピック選手の残された言葉などを解釈するために、辞書での意味調べや、そのような言葉が出た理由や自分の日常生活に生かすことを考えることで、課題解決の力を養う学習ができる。自分で考えた文章は意味が理解できていることから覚えやすく、自信をもって発表に取組める。

今後の抱負として「失敗しても、負けないでもっと頑張ろうとチャレンジしていきたい」と堂々と述べるAさん。

まとめ

1. 授業づくりの工夫!

【主体性を引き出すために】
・与えられたものをやるのではなく、自分で行動したことに手ごたえがある経験。
・机上の学習では難しい生徒も、実際に見て、聞いて、感じることで考える体験。
・知的に課題があっても、人(オリンピック選手)の人生経験から自らを考える経験。

2. 子どもの学び!

【自尊感情を高められた生徒】
・現場実習における課題が受け止められずにいた生徒が、杉本美香選手の話を聞いて考えたことで、失敗しても日々努力することの大切さを知り、杉本選手と同じように自分に自信をもって、前向きな気持ちで残りの高校生活を送ることができた。

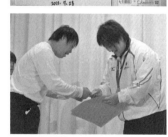

女子柔道ロンドンオリンピック
銀メダリストの杉本美香選手。

3. 他の単元へのつながり!

【スポーツへの関心】【調べる力】【自分の意見を伝える力】【自分と異なる人を認める力】
・オリンピックという題材を通して、将来へつながるスポーツへの関心を高めるきっかけとなる。
・題材にこだわらず、生徒主体の調べ学習や班員と協力する学習発表のような学習のスタイルを続けていくことで、意見を伝える力や自分と異なる人を認める力を養うことができる。

(菅野佳江、根本文雄、上田みどり、田盛信寿、居林弘和、正木隆、本間貴子)

CD-ROM収録 指導計画一覧

指導計画は、学習内容表の領域ごとに並べてあります。
また使いやすいように、教科・領域、
学部／学年／集団構成、集団構成を表記しています。
各指導計画の冒頭の数字は、
CD-ROMのファイルナンバーと対応しています。

授業レシピ(CD-ROM収録)の指導計画の見方

各項目の説明

領域と単元番号

実態と設定理由
授業における実態と設定理由を説明しています。主に、学習集団の概要、子どもの実態や課題、単元のねらい、指導上の工夫の4つの視点で記しています。本単元がどのような集団規模で取組まれているのか、また子どものどのような実態や課題に対して取組まれたものなのか、参考にしてください。

学習内容表の領域
7つの領域のうち、この単元で重点的に取組んでいる領域名を示しています。

集団構成
この単元の集団構成を学級、学部、縦割りグループ、課題別グループ、個別指導に分けて示しています。

学習内容
本単元でとりあつかっている学習内容表の小(中)項目を示しています。特に重点を置いている項目に◎をつけ、最大3つまで挙げています。また具体的な目標行動は、小(中)項目の内容を本単元の中で達成すべき行動レベルに置き換えたものです。

教材・教具
本単元で使用している教材や教具です。教師が作成したオリジナル教材も含まれています。筆記具やハサミなど、用具の使用が指導上ねらわれている場合は、教材としてとりあげました。

人間関係 1

学習の7領域／集団構成

人間関係／学級
生活／学部
認知／縦割りグループ
身体・運動／課題別グループ
情操／個別指導
コミュニケーション
社会生活・進路

教材・教具
・めくり進行カード
・楽器(タンバリンなど)
・名前カード
・日課カード
・歌紙芝居
・楽譜
・iPad
・iWork Note!(アプリ)
・iPadスタンド

単元名・題材名
小学部5・6年『あさのあつまり』
めざせ すてきなそらぐみ

実態と設定理由
・5・6年生の児童8名の学級。指導者3名。
・障害種、認知特性、社会性やコミュニケーションの発達段階は様々である。朝のあつまりや一日の流れについては、これまでの積み重ねがあり、おおよそ理解し習慣づいている。
・それぞれが役割を果たしていく中で、お互いの存在や得手不得手を理解し、助けあい、認めあえる集団づくりを行う。また、それぞれにリーダーとしての役割を与えることにより、「高学年としての自覚」を促したい。さらに、お互いにほめられたり喜ばれたりすることで自信を深め、集団への帰属感を高めると同時に、物事にポジティブに取組む姿勢を身に付けさせたい。
・「めざせ すてきなそらぐみ」の合い言葉のもと、身だしなみや発言の仕方、相手を待つなど、社会的マナーや規範意識を高められるように、指導や活動の工夫を行う。

学習内容

●重点	●領域	●項目番号	●小(中)項目	●具体的な目標行動
	人間関係	Ⅰ-5-①~⑤	思いやり	友だちをはげましたり援助したりする
◎	人間関係	Ⅰ-6-④	聞く姿勢	適度に背筋を伸ばし、軽くあごを引いた状態で椅子に着席し続ける
	人間関係	Ⅳ-1-③	活動の流れの理解	スケジュールカードを並べる
◎	人間関係	Ⅵ-1-④	役割	活動ごとに決められたり、指名されたりした係を担う
	認知	Ⅱ-⒀-③	こよみ	カレンダーと照らしあわせ、今日の日付を書き表す
	認知	Ⅱ-⒃-3-①~③	基準を押さえて位置関係がわかる	提示された写真カードと見比べながら、椅子を順に並べる
	認知	Ⅲ-⑶-2-2-②~④	ひらがな	日課の文字を読み、写真カードなどとマッチングする
◎	身体・運動	Ⅰ-⑷-1-①~④	姿勢の保持	まっすぐ立つ
	情操	Ⅱ-3-②~④	演奏	歌のリズムに合わせて、タンバリンや鈴を鳴らして演奏する

単元計画
めざせ すてきなそ
／通年

212

単元計画

単元における活動のまとまりと時間数、もしくは週あたりの実施時間などを表しています。同じ展開を繰り返す授業の場合は、1単位時間の指導における展開を示しています。

単元目標

① 一日の活動の見通しをもち、準備物や学習活動の場所を把握することができる
② 役割を知り、活動に積極的に取組む
③ 話者に注目する、姿勢を正して話を聞く、友だちのタイミングに合わせるなど、社会的マナーを意識して活動に参加することができる

学習活動

単元計画に対応した学習活動です。右の「学習の様子/教材・教具」の写真に対応するところには「(写真①)」のように記述しています。「学習活動(一部)」となっている場合は、単元計画のうち一部分の展開だけを詳しく紹介しています。

学習活動	学習の様子/教材・教具
1. 準備をする ・身だしなみ(前髪、襟、シャツの裾、靴下など)、椅子の並べ方の確認をする。 2. 始まりのあいさつ (写真①) ・日直の号令「これから、朝のあつまりを始めます。姿勢、礼」であいさつをする。 3. 朝のあいさつ ・日直の号令「起立、せーの」であいさつをする。 4. 朝の歌 (写真②) ・行事や季節によって歌の内容を工夫する。 5. 日付、天気の確認 ・登校後の係活動で調べた日付と天気を係が発表する(写真③)。一日(=ついたち)などの読み方の学習なども併せて行う。 6. 出席調べ ・係が名簿で呼名をしながらチェックをし、呼ばれた児童は挙手をして返事をする。 7. 元気調べ ・「元気である」「元気でない」の項目を選び、写真カードを貼って意思表示をする。 8. 今日の予定 ・登校後の係活動で調べた予定を係の児童が発表する。 ・一日の予定や、変更の確認をする。 9. 今日の○○(お楽しみ活動) ・係の進行で、多数決をして活動を決める。 10. 先生の話 ・「8」などの補足を教師が行ったり、一日の生活目標について考えたりする。 11. 終わりのあいさつ ・日直の号令であいさつをする(写真④)。 12. 片づけをする ・日直は進行ボードの片づけを行う。	 写真① iPad 発語に困難さがある児童が進行役を担う際に使用する。アプリは「iWork Note!」を使用する。  写真② 活動「4」の様子 タンバリンをリズムや友だちに合わせながら打つことで、音刺激と手との協応、人との協調運動の向上をねらいとする。  写真③ 進行カードをめくる係 各活動の係を個別の指導計画と関連させることで、個々に応じた学習の機会を毎日設定する。  写真④ 話を聞く姿勢"ピッ" 日ごろから姿勢を正しくし活動に参加することや、各活動が終わることに、係に拍手や礼を言うことで、礼儀やマナーの定着を図ることができるようにする。

学習の様子/教材・教具

学習の様子や授業で使用している代表的な教材・教具を写真と文章で解説しています。

(内倉広大、佐藤知洋、田口悦津子)

CD-ROM収録指導計画一覧

人間関係 領域

領域・教科	ファイルNo	学部／集団構成	授業／単元名
日常生活の指導／特別活動	1	小学部　5・6年	あさのあつまり「めざせ　すてきなそらぐみ」
	2	中学部　1・2・3年	朝・帰りの会「一日の生活に見通しをもとう！」「一日を振り返ろう」
	3	中学部　学部	部集会「風船バレーをしよう」「グリーンマスターになろう」
	4	高等部　1・2・3年	朝・帰りの会「一日の活動に見通しをもち、目標をもって取組もう」「一日の活動を振り返ろう！」
	5	高等部　縦割りグループ	生徒会（朝会委員会）「合同朝会の企画・運営をしよう」
	6	高等部　縦割りグループ	生徒会（広報委員会）「広報委員会の仕事をしよう」
	7	高等部　縦割りグループ	生徒会（環境・保健委員会）「環境・保健委員会の仕事をしよう」
生活単元学習	8	幼稚部　学部	設定あそび「でんしゃにのってゴーゴーゴー！！」
	9	小学部　1・2年	生活単元学習「はなぐみのともだち」
	10	小学部　1・2年	生活単元学習「すてきな　ともだち」
	11	小学部　5・6年	生活単元学習「がんばれ！　リーダーそらぐみ」
	12	小学部　5・6年	生活単元学習「入門！　そらぐみ道場　〜姿勢の段〜」
	13	小学部　5・6年	生活単元学習「入門！　そらぐみ道場　〜力を合わせるの段〜」
	14	小学部　5・6年	生活単元学習「入門！　そらぐみ道場　〜めざせ！すてきなそらぐみの段〜」
	15	中学部　学部	生活単元学習「夏休みと冬休みの過ごし方」
	16	中学部　1年	生活単元学習「中学生になって」
	17	中学部　1年	生活単元学習「みんなでゲームを楽しもう（ボウリングゲーム）」
	18	中学部　2年	生活単元学習「中学部2年生になって」
	19	中学部　3年	生活単元学習「中学部3年生になって」
	20	中学部　3年	生活単元学習「みんなでゲームを楽しもう（的当てゲーム）」
	21	中学部　3年	生活単元学習「卒業に向けて」
	22	高等部　2年	生活単元学習「みんなが楽しい修学旅行にしよう」
	23	高等部　1年	生活単元学習「自分の生活を見直そう」
	24	高等部　2年	生活単元学習「みんなのルールを確認しよう（高2編）」
	25	高等部　1年	生活単元学習「高等部の生活に慣れよう」
	26	高等部　2年	生活単元学習「2年生になって」
	27	高等部　3年	生活単元学習「3年生になって」
	28	高等部　1年	生活単元学習「卒業生を送ろう。そして、進級」
	29	高等部　2年	生活単元学習「周りの人とのよい関わり方について考えよう」
自立活動	30	小学部　課題別グループ	自立活動「やりとげよう！　すだちグループ」
	31	小学部　課題別グループ	自立活動「紙コップ○○○個であそぼう！　つくろう！」
	32	小学部　課題別グループ	自立活動「いっしょにチャレンジ！　ベリー劇団」
	33	中学部　課題別グループ	なかま・からだ「友だちと一緒にミッションをクリアしよう！！」

生活 領域

領域・教科	ファイルNo	学部／集団構成	授業／単元名
特別活動（行事）	1	幼稚部　学部	行事「部の行事を楽しもう（1学期）」
	2	幼稚部　学部	行事「部の行事を楽しもう（2学期）」
	3	幼稚部　学部	行事「部の行事を楽しもう（3学期）」
	4	幼稚部　学部	行事「全校行事に参加しよう（大塚祭）」
	5	幼稚部　学部	行事「全校行事に参加しよう（卒業式）」
生活単元学習	6	小学部　1・2年	生活単元学習「がっしゅくに　いこう！」
	7	小学部　1・2年	生活単元学習「おでかけしよう！」
	8	小学部　3・4年	生活単元学習「月印さっくりクッキー」
	9	小学部　3・4年	生活単元学習「きれいな色や模様の布を作ろう〜絞り染め・藍染め〜」
	10	小学部　5・6年	生活単元学習「植物を育てよう」
	11	小学部　5・6年	生活単元学習「みんなで作ろう〜おいしいポップコーン〜」
	12	小学部　5・6年	生活単元学習「日本のお正月」
	13	小学部　5・6年	生活単元学習「もうすぐ中学生・6年生」
	14	中学部　学部	生活単元学習「郵便局での積み立てと買い物に行こう」
	15	中学部　3年	生活単元学習「修学旅行に行こう」
	16	中学部　1年	生活単元学習「中学部2年生に向けて」
	17	中学部　2年	生活単元学習「中学部3年生に向けて」
	18	中学部　学部	生活単元学習「新春ボウリング大会」
	19	中学部　学部	生活単元学習「運動会に向けて」
	20	中学部　学部	生活単元学習「避難訓練をしよう」
	21	高等部　学部	生活単元学習「避難訓練をしよう」
	22	高等部　学部	生活単元学習「お金の管理について学ぼう」
	23	高等部　2年	生活単元学習「身のまわりのことを自分できちんとしよう（整理整頓をしよう）」
	24	高等部　3年	生活単元学習「人と道具〜生活の道具（生活力を高める）〜」
保健体育	25	中学部　学部	健康教育・食育「スマイル」
	26	高等部　学部	健康教育・食育「スマイル」
職業・家庭／家庭	27	中学部　学部	家庭「身のまわりのものをきれいにしよう」
	28	中学部　学部	家庭（調理）「調理をしよう」
	29	高等部　1年	家庭（食生活）「栄養のバランスのとれた献立を考えよう」
	30	高等部　1年	家庭（衣生活）「洗濯（自分の身につけているものを洗おう）」
	31	高等部　3年	家庭（衣生活）「ミシンを使ってカーテンをつくろう！」

CD-ROM収録指導計画一覧

認知 領域

領域・教科	ファイルNo	学部／集団構成	授業／単元名
国語・算数／国語・数学	1	小学部　1・2年	ことば・かず「えらぼう、きこう、かぞえよう、くばろう」
	2	小学部　課題別グループ	ことば・かず（課題別）「見よう、動こう、伝えよう！」
	3	小学部　課題別グループ	ことば・かず（課題別）「きこう、なぞろう、ぬろう、かこう、かぞえよう」
	4	中学部　1年	言語・数量「自分の課題に取組もう」
	5	中学部　2年	言語・数量「課題に集中、みんなで共有」
	6	中学部　3年	言語・数量「もじ・ことば・かず・かたち」
自立活動	7	幼稚部　個別指導	「Hさんの例」
	8	中学部　課題別グループ	グループ学習（操作）「指先を使った学習に取組もう」
	9	中学部　課題別グループ	グループ学習（操作）「自分で学ぼう　手と体を動かそう」
	10	中学部　課題別グループ	グループ学習（操作）「具体物を操作しよう」
	11	中学部　課題別グループ	グループ学習（くらし）「お金の学習をしよう〜お金のやりとりを通して〜」
	12	高等部　1年	課題学習「それぞれの課題に応じた学習をしよう」
	13	高等部　2年	課題学習「自分の課題に取組もう」

身体・運動 領域

領域・教科	ファイルNo	学部／集団構成	授業／単元名
体育／保健体育	1	幼稚部　学部	体育「運動会　〜ダンス・サーキットにチャレンジ！〜」
	2	幼稚部　学部	体育「サーキットで遊ぼう！」
	3	幼稚部　学部	体育「いろいろなボールで遊ぼう！」
	4	小学部　学部	体育「うんどう（ラジオ体操・ランニング）」
	5	小学部　学部	体育「友だちと動いてみよう！」
	6	小学部　学部	体育「ボール投げをしよう！」
	7	小学部　学部	体育「運動会」
	8	中学部　学部	体育「スポーツテスト・運動会・リラクゼーション・いろいろな身体の使い方I・ゲームI風船バドミントン」
	9	中学部　学部	体育「いろいろな身体の使い方II・リラクゼーション・陸上競技・ゲームIIフライングディスク」
	10	中学部　学部	体育「スキー・いろいろな身体の使い方III・リラクゼーション・ゲームIII風船ゴルフ」
	11	高等部　学部	体育「運動会」
	12	高等部　学部	体育「朝の運動（15分間走・エクササイズなど）」
	13	高等部　学部	体育「ボール運動（キックベースボール・サッカー）」
生活単元学習／特別活動（行事）	14	中学部　学部	生活単元学習「高尾山に登ろう」
	15	中学部　学部	生活単元学習「陸上大会に出場しよう」
	16	中学部　学部	生活単元学習「スキー合宿」

領域・教科	ファイルNo	学部／集団構成	授業／単元名
	17	高等部　学部	生活単元学習「スキー合宿」
自立活動	18	中学部　課題別グループ	グループ学習（操作）「動く・運ぶ・リラックス」
	19	中学部　課題別グループ	なかま・からだ（からだ）「いろいろな体の動かし方を学習しよう」
	20	高等部　3年	課題学習「体力をつけよう　課題に集中して取組もう」

情操　領域

領域・教科	ファイルNo	学部／集団構成	授業／単元名
図画工作／美術／生活単元学習	1	幼稚部　学部	造形「ぬたくりあそび」
	2	幼稚部　学部	造形「野菜スタンプ」
	3	幼稚部　学部	造形「米袋おに衣装」
	4	小学部　課題別グループ	造形（見立てグループ）「貼り絵『あじさい』」
	5	小学部　課題別グループ	造形（見立てグループ）「富士山雪景色、ふくわらい」
	6	小学部　課題別グループ	造形（感触グループ）「そざいであそぼう」（ろくろでぐるぐる）
	7	小学部　課題別グループ	造形（操作グループ）「イメージして描こう・作ろう」
	8	小学部　1・2年	造形「作ろう!ぽんぽん型ぬき紙ねんど」「やってみよう!ふりふりシャカシャカ毛糸玉」
	9	小学部　3・4年	造形「描こう・貼ろう・表そう」
	10	小学部　5・6年	造形「大塚祭の準備をしよう」「卒業制作」
	11	中学部　2年	造形「描画：学校での活動を絵に描こう！」
	12	中学部　3年	造形「粘土で立体を作ろう」
	13	中学部　3年	造形「金属を使って作品を作ろう」
	14	高等部3年	生活単元学習「シルバー材料を使ってタイピンやブローチを作ろう（卒業制作）」
	15	高等部　縦割りグループ	造形（絵画グループ）「よく見て描こうⅠ」
	16	高等部　縦割りグループ	造形（絵画グループ）「よく見て描こうⅡ」
	17	高等部　縦割りグループ	造形（粘土グループ）「粘土で作ろう」
	18	高等部　縦割りグループ	造形（木工グループ）「木片で立体作品を作ろう」
音楽	19	幼稚部　学部	表現「みつけた！　たのしいともだち・すてきなおと」
	20	幼稚部　学部	表現「うきうきダンス」
	21	幼稚部　学部	表現「あるいたり　はしったり」
	22	小学部　1・2年	音楽「いっしょにならそう、うたおう、おどろう、よくきこう♪」
	23	小学部　3・4年	音楽「弾むリズム　すてきなメロディ　響くハーモニー」
	24	小学部　5・6年	音楽「うたってなかよし」
	25	中学部　学部	音楽「舞台で発表しよう！！」「スヌーズレン」
	26	中学部　学部	音楽「卒業式にむけて・寄せ囃子」「音楽鑑賞会」
	27	高等部　学部	音楽「楽しもう！　合わせよう！　表現しよう！〜運動会に向けて〜」
	28	高等部　学部	音楽「広げよう！　伝えあおう！　ともに楽しもう！」

CD-ROM収録指導計画一覧

コミュニケーション領域

領域・教科	ファイルNo	学部／集団構成	授業／単元名
日常生活	1	幼稚部　学部	あつまり「あさのあつまり」
	2	小学部　1・2年	あさのあつまり「あつまれ！　はなぐみ」
	3	小学部　3・4年	あさのあつまり「つき組　しゅうごう！」
あそびの指導	4	幼稚部　学部	自由あそび「のびのび楽しくあそぼう！」
生活単元学習	5	中学部　2年	生活単元学習「世界を知ろう！　世界の人や国に目を向けよう！」
	6	高等部　1・2年	生活単元学習「卒業生を送ろう　そして進級」
自立活動	7	中学部　課題別グループ	グループ学習（コミュニケーション）「お互いをよく見て、受けとめあおう」

社会生活・進路領域

領域・教科	ファイルNo	学部／集団構成	授業／単元名
生活単元学習／総合的な学習の時間／職業	1	中学部　学部	生活単元学習「交流会をしよう」
	2	高等部　1年	生活単元学習「自分の進路を考えよう」
	3	高等部　2年	生活単元学習「現場実習（目標をもって働く体験をしよう）」
	4	高等部　3年	生活単元学習「現場実習を通して進路を考えよう」
	5	高等部　3年	生活単元学習「自分で使えるサポートブックを作ろう！」
作業学習	6	中学部　縦割りグループ	作業学習「作業学習をしよう」
	7	中学部　縦割りグループ	作業学習（藍染め班）「草木染めに挑戦しよう」
	8	中学部　縦割りグループ	作業学習（園芸班）「園芸の活動をがんばろう」
	9	中学部　縦割りグループ	作業学習（スリッパ・タイル班）「作業の手順に慣れ、販売の準備をしよう（前期）」
	10	中学部　縦割りグループ	作業学習（スリッパ・タイル班）「自分の仕事をして、販売活動をしよう（後期）」
	11	中学部　縦割りグループ	作業学習（焼き物班）「焼き物班に慣れよう、粘土で作ろう（前期）」
	12	中学部　縦割りグループ	作業学習（焼き物班）「機械ロクロで製品を作ろう（後期）」
	13	高等部　縦割りグループ	作業学習（木工班）「木工製品を作ろう（前期）」
	14	高等部　縦割りグループ	作業学習（木工班）「木工製品を作ろう（後期）」
	15	高等部　縦割りグループ	作業学習（焼き物班）「製品を量産しよう」
	16	高等部　3年	作業学習（印刷総合班）「印刷総合班の一員になって（前期）」
	17	高等部　3年	作業学習（印刷総合班）「作業技術を高め、確実な作業をしよう！（後期）」

主要参考文献

・文部科学省『特別支援学校教育要領等』（幼稚部、小学部・中学部、高等部）（2009）

・柳本雄次監修、筑波大学附属大塚特別支援学校編著
　『これからの『知的障害教育』―関係の形成と集団参加』　明治図書（2010）

・筑波大学附属大塚養護学校　『精薄児教育』第27集（1983）

・筑波大学附属大塚養護学校　『精薄児教育』第28集（1984）

・筑波大学附属大塚養護学校　『経験内容表』（平成4年3月版）（1992）

・筑波大学附属大塚養護学校　『研究紀要』第48集（2001）

・筑波大学附属大塚特別支援学校　『研究紀要』第53集（2009）

・筑波大学附属大塚特別支援学校　『研究紀要』第54集（2010）

・筑波大学附属大塚特別支援学校　『学習内容表』（平成21年度版）（2011）

・筑波大学附属大塚特別支援学校　『研究紀要（指導計画集）』第57集（2013）

・文部科学省　『今、求められる力を高める総合的な学習の時間の展開（小学校編）』（2010）

・国立教育政策研究所生徒指導研究センター
　「職業観・勤労観を育む学習プログラムの枠組み（例）―職業的（進路）発達にかかわる諸能力の育成の視点から―」
　国立教育政策研究所生徒指導研究センター調査研究報告書
　『児童生徒の職業観・勤労観を育む教育の推進について』（2002）

・中央教育審議会　中央教育審議会答申
　『今後の学校におけるキャリア教育・職業教育の在り方について』（2011）

・田上幸太、比嘉展寿、若井広太郎
　「学び合い、支え合う授業研究会―確かな授業評価・授業改善の実現をめざして―」
　『特別支援教育研究』No.646　東洋館出版社（2011）

・宇佐美太郎「生徒・保護者と創る、知的障害生徒が理解できるビジュアル化された個別の教育支援計画」
　2011年度文部科学省科学研究費助成事業データベース、研究課題番号：23911006（2012）

・ドロップレット・プロジェクト編『視覚シンボルで楽々コミュニケーション―障害者の暮らしに役立つシンボル1000』
　エンパワメント研究所（2010）

・水口浚、松村緑治、吉瀬正則、立松英子著、障害児基礎教育研究会編
　『一人ひとりの子どもに学ぶ教材教具の開発と工夫』　学苑社（2006）

・根岸由香　『根岸由香のつながる音楽』　あおぞら音楽社（2015出版予定）

おわりに

　知的障害教育においては、「いつ」「なに」を指導するかが常に課題であった。本校でもこの課題に向け、1959（昭和34）年に、子どもに身に付けさせたい教育内容を6領域に分類整理して「経験領域表」として提案した。

　その後、名称を「経験内容表」とし改訂を重ね、教育課程編成のよりどころとしてきた。そして「昭和60年版教育課程」は、幼稚部から高等部までの14年間の一貫教育と、指導の継続性・発展性を支え、長く指導計画のモデルとして活用された。

　やがて、在籍幼児・児童・生徒の実態が多様化するなかで、1999（平成11）年から「個別教育計画」の研究に取組み、「個のニーズ」をもとにした教育支援の在り方を追求した。「個別教育計画」を日常の教育実践に生かし、個のニーズに基づく授業研究を進め、新しい授業形態の創出や授業内容の発展として成果を示した。

　折しも、この時期は特殊教育から特別支援教育への転換期にあたり、「特別支援教育時代のカリキュラム」として整理したものであった。この過程で、モデルとしてきた指導計画集の活用に限界が見えるとともに、その根拠である「経験内容表」も見直しが迫られた。それが本書に収録した「学習内容表」作成の契機であった。

　かつて知的障害教育においても、生活経験を重視した学習が「這い回る経験主義」として批判された。断片的な学習が多く、知識の積み重ねが不十分になりがちであったためである。「経験内容表」は、まさにその批判に応えるために作成されたものであり、「学習内容表」はその延長線上にある。「学習内容表」は、「生きる力」を育み、自立と社会・文化への参加を実現するために必要な内容を配列したものであり、系統的発展的な学習の根拠として活用されることを目指している。

　2014年1月、我が国においても「障害者権利条約」が批准された。「共生社会に向けて」「適切な指導及び必要な支援を行う観点から教育を進めていくことはすべての子どもにとって良い効果をもたらす」（特別支援教育の在り方に関する特別委員会報告）と言及されている。特別支援教育の成果である「学習内容表」や「指導計画」が、様々なニーズを有する子どもたちの教育にも活用される可能性は大きいと信じている。

　「明日の授業、どうしよう？」、と子どもたちを前に悩むことから、わくわくする授業づくりにとりかかるために、本書が少しでも役立てば嬉しい限りである。

　本書の刊行にあたって、多くの方からいただいた温かいご支援に心より感謝申し上げます。在籍幼児・児童・生徒の皆さん、みんなの最高の笑顔に出会えた時、私たちは授業づくりの醍醐味を知りました。そして実践研究推進にあたっては、保護者の方の理解と協力が支えになりました。本当にありがとうございます。

　最後に、学研教育出版の長谷川晋氏、古川隆氏には、「よい本を作る」という一念のもと、わからないところは「わかりません」と率直に指摘していただきながら、粘り強く校正を進めていただきました。お二人のお力添えがなければ本書はできあがりませんでした。改めて感謝申し上げます。

筑波大学附属大塚特別支援学校副校長　髙橋幸子

執筆者・編集協力者一覧

監修
藤原義博（前筑波大学附属大塚特別支援学校校長・創価大学教授）
柘植雅義（筑波大学附属大塚特別支援学校校長・筑波大学教授）

編集委員および執筆
髙橋幸子（筑波大学附属大塚特別支援学校副校長）
田上幸太（編集委員長・研究部長）
吉井勘人（前編集委員長）

森澤亮介	飯島啓太	石飛了一	髙津 梓
仲野みこ	阿部 崇	菅野佳江	別府さおり
安達敬子	中村 晋	根本文雄	居林弘和
大蔵みどり	安部博志		

執筆

若井広太郎	佐藤知洋	内倉広大	漆畑千帆
遠藤貴裕	小笠原志乃	田盛信寿	伊藤かおり
上田みどり	宇佐美太郎	遠藤絵美	上仮屋祐介
北村洋次郎	工藤傑史	佐野友信	杉田葉子
田口悦津子	土田裕美	戸松英子	中武里美
西原数馬	根岸由香	福谷憲司	本間貴子
正木 隆	松岡ふみ	森 芸恵	

編集協力

深津達也	小家千津子	大浦有貴	梅原俊子
夏目保男	天野道大	井上真由美	田尻由起
永田信吾			

写真協力
小菅聡一郎

特別支援教育のとっておき授業レシピ

2015年3月3日　第1刷発行
2018年2月2日　第6刷発行

- ●監　　修／藤原義博　柘植雅義
- ●編　　著／筑波大学附属大塚特別支援学校
- ●発 行 人／川田夏子
- ●編 集 人／坂岸英里
- ●企画編集／長谷川晋
- ●編集協力／古川　隆

- ●デザイン／長谷川由美　千葉匠子　玉本郷史
- ●イラスト／北村友紀
- ●写　　真／斉藤英明

- ●発 行 所／株式会社　学研プラス
　　　　　　〒141-8415　東京都品川区西五反田2-11-8
- ●印 刷 所／株式会社 リーブルテック

●この本に関する各種お問い合わせ先
【電話の場合】
・編集内容については　Tel 03-6431-1576(編集部直通)
・在庫、不良品(落丁、乱丁)については　Tel 03-6431-1250(販売部直通)

【文書の場合】
　〒141-8418 東京都品川区西五反田2-11-8
　学研お客様センター『特別支援教育のとっておき授業レシピ』係
この本以外の学研商品に関するお問い合わせは下記まで。
Tel 03-6431-1002(学研お客様センター)

本書の無断転載、複製、複写(コピー)、翻訳を禁じます。

本書を代行業者等の第三者に依頼してスキャンやデジタル化することは、
たとえ個人や家庭内の利用であっても、著作権法上、認められておりません。
複写(コピー)をご希望の場合は、下記までご連絡ください。
日本複製権センター http://www.jrrc.or.jp
E-mail：jrrc_info@jrrc.or.jp
Tel 03-3401-2382
Ⓡ〈日本複製権センター委託出版物〉

学研の書籍・雑誌についての新刊情報・詳細情報は、下記をご覧ください。
学研出版サイト http://hon.gakken.jp/

ご使用前に必ずお読みください。

- ●本来の目的以外の使い方はしないでください。
- ●必ず対応のパソコンで再生してください。
- ●直射日光の当たる場所で使用または放置・保管しないでください。
  反射光で火災の起きるおそれや目を痛めるおそれがあります。
- ●ディスクを投げたり、振り回すなどの乱暴な扱いはしないでください。
- ●ひび割れ・変形・接着剤で補修したディスクは使用しないでください。
- ●火気に近づけたり、熱源のそばには放置しないでください。
- ●使用後はケースに入れ、幼児の手の届かないところに保管してください。

取り扱い上の注意
ご使用前に必ずお読みください。

- ●ディスクは両面ともに、指紋・汚れ・キズ等を付けないように扱ってください。
- ●ディスクは両面ともに、鉛筆・ボールペン・油性ペン等で文字や絵を書いたり、シール等を貼り付けないでください。
- ●ディスクが汚れた場合は、メガネ拭きのような柔らかい布で、内周から外周に向かって放射状に軽く拭いてください。
- ●レコードクリーナー、ベンジン・シンナーなどの溶剤、静電気防止剤は使用しないでください。
- ●直射日光の当たる場所、高温・多湿な場所での保管は、データの破損につながることがあります。
  また ディスクの上から重たいものを載せることも同様です。

利用についての注意

- ●CD-ROM ドライブ搭載のパソコンで再生してください（ＯＳやマシンスペックによって再生できない場合があります。この場合は各パソコン、ソフトのメーカーにお問い合わせください）。
- ●CD-ROM に収録されているデータはＰＤＦファイルです。ＰＤＦファイルをご覧になるにはアドビシステムズ社が配布している Adobe Reader が必要です（無償）。Adobe Reader をインストールすることにより、ＰＤＦファイルの閲覧・印刷が可能になります。
  ダウンロードについては、アドビシステムズ社のサイト（http://www.adobe.com/jp/）をご確認ください。
  Adobe®Reader®はアドビシステムズ社の米国および／または各国での商標または登録商標です。
  Adobe Reader の不具合や利用方法については、アドビシステムズ社にお問い合わせください。

操作方法

- ●パソコンの CD-ROM ドライブにディスクを挿入して、内容を確認してください。
- ●CD-ROM には、学習内容表の領域ごとにフォルダが作成されています。そのフォルダの中に、各領域に対応した単元計画のファイルが入っています。ご覧になりたいファイルをダブルクリックするなどして、開いてください。

権利関係

- ●本 CD-ROM に収録されている著作物の権利は、学研プラスに帰属します（または、当該収録物の著作権者に帰属します）。
- ●この CD-ROM を個人で使用する以外は、権利者の許諾なく譲渡・貸与・複製・放送・有線放送・インターネット・上映などで使用することを禁じます。
- ●図書館での館外貸与は認めません。

問い合わせ先

- ●CD-ROM の操作方法や不具合に関するお問い合わせ先は、下記にお願いします。
  学研プラス　ヒューマンケアブックス担当　電話 03-6431-1576（土日・祝日を除く）。